Lisi Schuur
und
Eike M. Falk

Gedankenflüge
Ein Dialog in Poesie

Herstellung und Verlag:
BoD - Books on Demand, Norderstedt
ISBN 978-3-7412-5384-3

© 2016, Lisi Schuur und Eike M. Falk

Lisi:

die Gedanken schwingen sich auf
schauen sich um verwundern sich
als trüge der Wind
Planeten davon
die Sonne für sich
zu entdecken
Gedankenflüge
umkreisen uns
möchten einander ertasten

Eike:

Wenn ich nur wüsste
ob Gefühle sich in Worten
ausdrücken ließen
und Bekenntnisse
oder ob sie
leere Hüllen blieben
ohne mein Beisein
ohne dass du
meine Augen
lesen könntest
ich bin mir sicher
in meinen Augen
würdest du mich kennen

Allein
und ohne den Schutz
meiner Augen
wären denn Worte
nicht mehr als eine Krücke
ein morsches Geländer
an das zu lehnen
man sich hüten sollte

Schlimmer noch
Worte können verletzen
können
Schmerzen bereiten
einen Kummer

den man
anderen zufügt
aus Bequemlichkeit
aus einer Laune heraus
als ob man
Konfetti streute

Denn Worte
können auch berauschen
können sich
wie Segel blähen
fauchend im Wind
ein Sturmwind
der über uns
zusammenbricht

Flattersüchtig
sind sie
sind
wie ein betrunkener
Schmetterling
im Sinkflug
taumelnd
der Nacht entgegen

Einer Dunkelheit
in die sie mich stürzen
in der meine Augen
ihrer blinden Leere
Gefangene sind

Du wirst mich
nicht mehr sehen können

Doch sprich
sprich
denn ich glaube
an die Worte
ich glaube
dass sie ein Erkennen
eine Wahrheit
in sich bergen

Darum lass uns
Worte
achtsam binden
wie einen Blütenkranz
der ein
Lächeln zaubert
so
sollten Worte
geflochten sein

Lisi:

Worte können leer sein
blosse Hüllen ohne Sinn
können sein wie scharfe Schwerter
unbarmherzig
richten hin

Worte können dich
umschmeicheln
können tragen
dich beflügeln
manchmal
müssen sie sich
zügeln
wenn sie zu viel
Leid verbreiten
weiten sie die Seele nicht
spüren nicht
die Zärtlichkeit
wenn sich eins
ans andre schmiegt

Stell dir vor
ich schreibe dir
von Gefühlen
und von mir
schließ die Augen
denk an mich
meine Worte
fühlen dich
flechten Liebe
mit hinein
werden
Wärmeworte
sein

hab deine Augen
und dich
im Blick

du wirst es spüren

lasse es zu

Eike:

Etwas geschehen lassen
das heißt
etwas in sich aufzunehmen
den Blick des anderen
auf sich ruhen lassen
ja
du
ich lasse es zu
warum
sollte ich denn stets
meine eigenen
Antworten finden wollen
und selbst wenn
es gibt so viele Wahrheiten
oder wollen wir sie lieber
Sichtweisen nennen

und wenn du mir sagst
dass die Kuh blaue Flecken hat
dann hat sie blaue Flecken
denn das bist du

Lisi:

Wenn wir
beide
in der Bedeutung
des Wortes
übereinstimmen
können wir
uns lesend
verstehen
darum
will ich nicht mehr
andeuten
wenn ich dir schreibe
damit du mich
nicht
interpretieren musst
ob bewusst oder unbewusst
ich flechte
auch dir einen Blütenkranz
weil dir mein Lächeln
gelungen ist
du hast mir
schöne Gefühle geschenkt

Eike:

Das weiße Kaninchen lacht
es kennt die Antwort
auf alle Fragen
es weiß der Fliege
einen Ausweg
aus dem Fliegenglas
nicht nach oben
soll sie streben
der vermeintlichen
Freiheit entgegen
am Boden vielmehr
verharren
in Ruhe Einkehr haltend
es wird schon
eines Neugierigen Hand
das Glas anheben

Es finden sich Antworten
zuweilen
vom Kopf
auf die Füße
gestellt

Es finden sich
Antworten
nie

Kann denn die Grinsekatze
verschwunden sein
während ihr Lächeln
zurückgeblieben ist?

Lisi und Eike:

Ein Gedanke zum Himmel

Wenn doch der Himmel die Erde wär'
könnt sich die Sehnsucht verkehren

Dann möchte es geschehen
dass ich über Wolkenpolster
ginge
und es mir
unter den Füßen kitzelte
---
deine Sehnsucht
wüsste ich nicht
sie soll dein Geheimnis sein

---

mein Geheimnis
soll es auch bleiben
dass Blüten in die Lüfte steigen

als hätte der Schnee
darauf gewartet
sich unter sie zu legen

Ich werde den Anker auswerfen
mein Schiff
zwischen den Sternen
schweben lassen
in leichter Dünung
mich bewegen
---
meine Gedanken
kehren erdenwärts
---
der Sehnsuchtsvogel
singt sein Lied
zu allen Seiten

Darin liegt Zuversicht

die leichte Dünung
macht das Träumen
wonniglich
der Himmel trägt die Erde
tief in sich
vergiss die Ungeduld

die Atemlosigkeit
der Mond
er plustert sich

und macht mich taumelig
vor lauter Glück

und Sterne
heften sich an meine Haut

So kehre ich zurück
und kehre ein in mir
weiß mich empfangen
---
von dir
die ich in mir
gefunden habe
---
zur Erde beugt
der Himmel sich
wie eine Mutter
schützend
in seinen Armen
singt uns
dieses Lied
von Sehnsucht
und von Anteilnahme

Lisi:

Der Himmel
der im Sonnenuntergang
auf seine Sterne wartet
wie eine Mutter
die mit offnen Armen steht
und wartet auf die Rückkehr
ihrer Kinder
und hofft
dass ihrer Liebe
nichts entgeht
ich nehme meine Liebe in den Arm
und seh den Himmel
und ich weiß
dass er versteht

Eike:

Wie Schlüsselblumen
an einer vernachlässigten
Böschung
von keiner
Menschenseele bedacht
die möchten
so gerne entdeckt werden
und wenn es
Kinderhände wären
die sie brechen wollten

es bleibt ihnen
das Sternengewölbe
allein
das ihnen Anfang war
und Ende bedeutet

das ist ein Weilen
in kosmischer Geschlossenheit

wo Wahrheit
und Schönheit
sich vereinen

es wäre
Rechtfertigung genug

Wenn wir nun gingen
du und ich
und hielten uns
bei den Händen
unbeherrscht
und
Unbeherrschbar
wir beide
was ich
wünschenswert fände

dass wir
diese Kinder
sein könnten

auf
Entdeckungsreise

Lisi und Eike:

Auf Entdeckungsreise
sind wir
du und ich
wehrlose Kinder
die staunen
---
auch über
Schlüsselblumen
---
so ist es das Kleine
in dem wir uns sehen
worüber wir
unsere Köpfe neigen
---
was unsere Münder weckt
das schafft Nähe

Ja
es ist dieses Kleine
dem wir begegnen

dem wir erlauben
sich zu entfalten
dass wir uns nah sind
macht uns nicht maßlos
geben wir gerne
in uns einen Platz

Eike:

Ich weite mich aus
wie der Mensch
es doch liebt
vom Kleinen
auf Großes
zu schließen

ungezügelt
erscheint es mir nicht

denke ich Glocken
kommen mir
Kathedralen
in den Sinn

in einer Kathedrale
wollte ich sitzen
mit dir
auf harten Bänken

doch das kümmert
uns wenig

ob es wohl Chartres sein könnte?

ein heißer Sommertag
draußen
drinnen die Kühle
wir

würden uns
dem Blau ergeben

Lisi:

Ich hör die Glocken schon
wie sie frohlocken

sie laden ein
die Stille zu genießen

lass uns den Tag der Sommersonnen-
wende nehmen
die Sonne will den Messingknopf beschei-
nen

dass uns das Fensterglas sein Licht
- in unerreichtem Chartres-Blau -
uns zu verzaubern schenkt

und dass die Orgel spielt
und unsre Herzen
vorbereitet

es weitet sich
das Labyrinth

gemeinsam
finden wir hinaus

Eike:

Biegsam ungebeugt
stehen die Weiden am Ufer
denen eingegeben
was uns Menschen
so schwer zu finden
eine Balance
einen Ausgleich
zu erreichen

den Stürmen des Lebens
begegnen
wir Menschenwesen
mit schreckhaften Augen
Ausrufen der Qual
erschöpften Herzens

ein Kantholz
unter die Tür gestemmt
scheint das letzte Mittel

denk nach
es sind nicht Auswege
nach denen wir suchen
es ist der Blick ins Freie
mit Türen
weit offen

Lisi:

wenn man sich
wie gefangen fühlt
weil alles
festgefahren scheint
die Lösung
bietet sich
nicht an
es stellt sich
alles quer

gleichmäßig
tickt das Metronom
das Taktverstellen
macht ihm nichts
doch du
beharrst darauf

die alten Wege
einzuhalten

der wankelmütige Mond
sucht Sterne
zwischen Lampions
dein Stern ist auch dabei

im BlickwinkelWechsel
siehst du ihn schon
geh ihm nur weit
entgegen
die Sicht
ist frei

Eike:

Wenn es die Gedanken wären
diese allein
die kein Jäger jemals
erschießen könnte
sind doch
die Schuhe wie Blei
und festgeklebt
an Ort und Stelle

da hilft kein Strampeln

doch die Ahnung
dass barfuß weiterzuwandern
einen Ausweg bieten könnte
wie eine Stromschnelle
eine Beschleunigung
des
InAussichtNehmens

doch nur
für einen überschwänglichen
Augenblick

zurückgesunken
in den ewigen Strom
Gleichmaß
des alltäglich
Zwiegespaltenen

Heimsuchung
und das Bild
einer versiegten Quelle

Lisi:

Eine kurzzeitige Verbitterung
kann ihren Sinn
darin haben
GedankenVerirrungen
geläutert zu entkommen

es können
neue Verirrungen entstehen
doch sie sind besser durchdacht

Eike:

Reglose Momente
wie eine Regentonne
bevor sie überschwappt

ein leises Kräuseln
regt sich
an der Oberfläche
tief am Grund
im Modder
zwischen Molchen
und ertrunkenen Mäusen
ein Herzschrittmacher
der den Takt vorgibt

die Wolken haben
sich aufgeschlissen

sie erscheinen
wie der Sänger
auf gleißender Bühne
der das Hemd sich
vom Körper reißt
dass die Knöpfe fliegen

seht her
will er damit sagen
mein Herz
es gehört euch
nur für euch
singe ich

manchmal
möchte ich es
gerne glauben

und ein Lachen steigt in mir auf
das befreit

Lisi:

Als hätte die Landschaft
sich für uns geschmückt
der Sommer trägt Früchte
in Karmesin
als stiege neues Leben
aus der Schläfrigkeit
der Stille
wie eine Glocke
in reiner Luft
die neben sich
die Freude weiß
die Schwermut
und die Bitterkeit

zerstreut
befreites Lachen
ein Schwall
von Hoffnung
legt sich breit
auf einen Weg
der endlich weiß
sich anzufangen

Eike:

Es geschieht
wenn sich im Himmel
ein Fenster öffnet
zwei blaue Augen
ich sehe
und klettere
auf einer Regenleiter
zwischen die Wolken

spinnwebsilber
sind uns die Tage
und Orte
wo Zementburgen
starren
leuchten uns
Spiralnebel auf

es sind
Gedankenflüge
an Gedankenflügeln
eingestrichen
einer großen Kantate
Webefläche
und die Stille
lyrischer Magmafelder
hernach ...

und später
noch immer
---
wir

Lisi:

Zwischen den Wolken
aus Stille und Sehnsucht
balancieren Gedanken
auf blühendem Moos
lassen sich nieder
auf Seerosenteichen
legen die Rosen
sich in den Schoß
sie überschreiten
Flüsse und Grenzen
hören die Töne
der Regenleiter

und sie fliegen
immer weiter
bis du
angekommen bist

dann beginnt ein Duett
der Poesie
in blauen Augen
Vergiss Mich Nie

Eike:

Ein langes Schweigen
führt mich zu dir hin
ich tauche auf
aus einem tiefen Leiden
das mir ein Mensch erzählte
dem blühende Moose
fremd geworden sind
ich gab ihm
deine Zeilen zu lesen
'das ist ja hübsch'
hat er gesagt
'ein hübsches Gedicht'
das Lächeln
das sich
in seinen Augen
zeigte
ein Abglanz

deiner Rosen
mir rannen die Tränen
fünf U-Bahnen
rauschten vorbei

Ich kann dir nicht sagen
wie froh ich bin
was deine Worte bewirkten
vergess ich nie

All das
im sinkenden Licht
eines Nachmittages

Und den Abend
hast du mich begleitet

Und am Morgen danach
wenn du bei mir bist

Ich habe Wärme gespürt
beim Erwachen
Wärme erfühlt
und nun gerate ich
ins Stocken
denn da ist etwas
das nicht zu erklären
es war nicht dein Körper

da war ein Wort
das hast du gesprochen
während ich schlief

Ein Wort
Worte
die du sprichst
wie ein geheimer Wind
in den Zweigen

Lisi:

Wie der Wind in den Zweigen
der dem Laub Seiten wendet
mit dem Vogel sich misst
um schneller zu fliegen
wie er kommuniziert
still wird und schweigt
es ist alles gesagt
und wartet auf uns
wenn Gedanken
sich lesen
die der Wind zugetragen
die in Briefen mit
fragender Schrift mich erreichen
vorüberziehen
in lächelndem Blick
sich verfangen
verlangen

im bangen Hoffen
auf lichtgrünem Gras
unter Bäumen zu liegen

mit allen Sinnen
lieg ich
und warte
dass du
auf mich
dich besinnst

Eike:

Geht mein Blick
über die Dächer hin
einem spitzen Kirchturm
Fingerzeig
folgend
der den Weg
nordwärts weist
wie die Nadel
in einem Kompass
eine Himmelsnadel
ein Wolkenzwirn
es bauscht
der Rock sich
einer alten Bäuerin
am Gebälk
ein Hufeisen

und ein Spruch
der dem Haus
Schaffenszeit verkündet

Lisi:

Setz die Axt
an der richtigen Stelle an
dann erspart sie
dir den Zimmermann
wenn du
den Balken
kappen willst
der fast dir schon
ins Auge reicht
vielleicht
genügt auch schon
der Trick
das Glück
ein wenig zu verschieben
das sich im Huf des Pferdes tummelt
da brummelt jemand
vor sich hin
ach was
und dreht
das Eisen um

Eike:

Das Leben hatte dir
so viele Wege geboten
die waren mit neongelbem
mit giftgrünem Marker
vorgezeichnet
doch du hast denjenigen
gewählt
der mit schwarzer Tinte
gestrichen war

Wie konntest du nur?

Doch wirst du
mit Krücken geboren
blinden Auges
wie willst du
einer Straße folgen
die in einer Windung
ihren Anfang nimmt

auf einem Brachfeld
gestrandet
liegt
eines Menschen Leben

das ist Schicksal
zwischen
eines gütigen Gottes
Händen Sandkörner

wir sind
unausgewogen
Ausgeworfene
ein stetes Fließen

Lisi:

Habe ich denn eine Wahl
wenn rosa Blütenblätter tanzen
auf Wegen
Sinnlichkeit markieren
kennst du
das große Maijubilieren
wenn Birken sich
die Stämme weißen
und Kirschen
sie schmecken so süß
mir im Mund
hatte ich Grund
dagegen zu halten
wenn alles so sehr
nach Zufriedenheit roch
und doch
wenn alles sich verläuft

und ich enttäuscht am Boden liege
durch Scherben
sehe ich die Sonne
in Tonnen
sammelt sich der Regen
zerrinnt im Sand
Wahrhaftigkeit
ich kann mich nicht mehr
grade halten
an Kompassnadeln
klebt Betrug
die Haut
die sich an Knebeln scheuert
ist perforiert und dünn genug
und du
sprichst
von Schicksal
in Gottes Hand

Eike:

Es war
nur die Erinnerung
an einen Menschen
du weißt?
Ich fragte mich
wie allein
ein Mensch sich
wohl fühlen könnte.

Verschlossen
wie eine Muschel
die sich
nie mehr öffnet
nie mehr
öffnen kann.

Erinnerungen kehren wieder

Bilder steigen in mir auf
an Tage
wo der Regen mich
auf Straßen überraschte
Bäume mir Zuflucht wurden
die so fremd wie die Straßen

Erst dann
wenn du so ganz
eingesunken bist
in dich alleine
spürst du das Andere
Ungewisse
dass dieser Baum
dir keine Heimat
sein würde
diese Straße
führte nirgendwohin

Lisi:

das Ungewisse
das sich allmählich
zurücknimmt
der Prozess des Erkennens
hat begonnen

nicht bei jedem
das ist wohl wahr

es gibt diese Menschen
die den tiefen Schatten
zur Zuflucht brauchen

die Seele kann sich nicht
befreien aus dem Labyrinth
mit unlesbarer Schrift
in fremder Sprache
werden dem Körper
Befehle erteilt

er kann sie nur ignorieren

die Seele weint weiter

Eike:

In den Schatten tauchen
in die Einsamkeit
die immer Schmerz bedeutet
denn Schmerzen
gingen ihr voraus
viele große Denker
der Geschichte
haben diesen Weg beschritten
unter Schmerzen
ins Labyrinth

Es gibt den anderen Weg
die Raserei

der Mensch schafft sich Wege
Auswege
wenn das Gefühl
der Ausgeschiedenheit
nicht in Abgeschlossenheit
sondern in Wut einmündet
die zu Hass
und Gleichgültigkeit führen
dem eigenen
allem Leben gegenüber
die schrecklichste Gewalt

Lisi:

Ein Notschrei zuvor
den niemand hörte
Nächte die schwarz blieben
kein Asyl boten
für die dauernde Unterlegenheit
pausenlos gelaufen
mittendrin der Versuch
der endgültigen Niederlage
zu entkommen
entlädt sich die Wut
über sich selbst
greift blind zum Hass
der es schafft
zum Gefühl zu werden
und den Platz für
verloren gegangene Gefühle
besetzt
bis zur Verzweiflung
sich aufzugeben
den Weg zu gehen
in die Gleichgültigkeit

Eike:

die den Tod bedeutet

Der Tod
macht nachdenklich
wenn er vor deinem
Fenster steht
die Vergänglichkeit
an die Scheiben pocht

Dann siehst du
dass es ein Mensch ist
der den Tod dir bringt
ein Mensch
wie du
du schaust ihm
ins Gesicht
und du siehst
dass es ein Mensch ist
noch in der Verblendung
und wenn er zusticht
vergehst du in Schönheit
mit ihm

Blut
das fließt

Blut
das erlischt

Vergänglichkeit

Und die Schönheit eines Liedes
das ich mir
ins Gedächtnis rufe
es ist ein einfaches Lied
es erzählt von mir
es erzählt von einem Menschen
dem die Hand ich reiche
es erzählt von einer Rose
die im Juli blüht
wie im Januar
Farben
die mein Herz erfreuen
mich
der
ein verwundeter Hirsch
ich bin
der im Gebirge
Zuflucht sucht

Es ist so einfach doch

Lisi:

weil
er dazu gehört
ist er beständig da
fragt er auf
seine Art nach seinem Sinn
wenn er dich sterben lässt
weil du die Schönheit willst
sinkst du in
Sehnsucht
führt dich zu ihm hin
dass du ihn schmecken kannst
teilt er sein Blut mit dir
und du verlierst dich
siehst ihn als Freund
weil er dir gut sein will
holt dich der Tod
aus der
Vergänglichkeit
ins
Paradies

dass du erkennen kannst

ein Lied
in seiner Einfachheit
wie es dich trösten kann
es dich erreicht

dass du es singen kannst
dir unvergesslich wird
du bei dir selber bleibst
es geht um dich

Eike:

es geht um uns
es geht um Verstehen
wie weit der Himmel ist
und wohin die Wolken ziehen
wird sein Geheimnis bleiben

Lisi:

Verstehen heißt
sich öffnen
dass man sich nahe kommt
den andern annimmt
ihn an sich heranlässt
mit seinen Geheimnissen
die er behalten wird
wie der Himmel
dessen Geheimnisse
wir erst ergründen
wenn wir in ihm sind
nahe genug
ihn zu verstehen

Eike:

Nähe zu suchen
Nähe zu finden
in einem anderen Menschen
Fühlfäden breiten sich aus
ein feines Gespinst
von Verständnis
in Verständigung
Finger
die sich tastend erahnen
Augen
die einander begründen
eine Umarmung
dann
wenn dein Herz
zu dir spricht
fragst du
den anderen auch

Lisi:

Staunend
sich sehen
Innigkeit finden
unter den Sehnsucht
tastenden Fingern
breitet sich
ZärtlichkeitsAtem aus

spürt sich dein Herz
wenn es
meines fragt
nicht unerreichbar
bleiben will
für mich
wie tief
wir auch
wohnen in uns

Eike:

Da sind diese sonderbaren
Sommertage
wo die Wolken
wie ein dionysischer Heerzug
über die Ebenen streifen
Pansgesichter schimmern auf
Zentauren schreiten feierlich

gegen Abend
verdichtet es sich
grau und bedrohlich
eine gehaltlose Masse

ein Knarzen
liegt in der Luft
das sind
die Birken

die reiben
ihre Stämme

der Wind frischt auf
wie aus dem Nichts
fegt eine Böe
durch die Straße
ein Fenster
schlägt krachend
ein Zusammenzucken

Donnergrollen
Blitze flackern
gleich wird sich
ein großer Zorn entladen

warum wir
werden wir fragen
und können die Antwort
in unseren Augen
ablesen
können sie
in den Fingerspitzen
fühlen

halt mich fest

wie die Birken
sich biegen

Lisi:

Am besten die Ohren sich zustopfen
Lärm macht betroffen

der Himmel
entlädt sich
auch
still
wenn er laut wird
hält er uns an
ihn wahrzunehmen
faszinierendes
Schauspiel
malerischer Blitze
wenn sie treffen
ist es
zu spät

Können
nicht länger
festhalten
an uns

Schuld
macht starr

die Birken
biegen sich
unschuldig
leuchtet ihr Weiß

Eike:

Die Natur
kennt keine Schuld
die Natur
benennt keine Schuldigen

da sind wir
wir sind es
wir nehmen uns wahr
wir sehen

uns

eine Berührung
eine Anrührung
eine Körperlichkeit

wir

'der Körper ist eine Gruft'
'der Körper ist eine Maschine'

zuerst hat man
unsere lebendige Hülle
der Verdammnis
preisgegeben
später
einer bloßen Mechanik
unterstellt
einem Funktionieren

es wäre an der Zeit
eine neue Definition aufzusuchen

der Körper
ein Verlangen nach Liebe
ein Begehren
ein Sehnen

der Körper
Vollkommenheit
vom Anfang
bis zum Ende

wir sollten erkennen
dass unser Körper
Schönheit ist
Heimat
unserer Seele

der Körper ist eine Blüte

ein großer Gesang
von Werden
und Vergehen

wir

Lisi und Eike:

Wundersames Träumen
traumhaftes Wachen

Gefühle die drängen
sich mitteilen wollen

im blauenden Morgen
ein Frühlicht zittert

es hört den Kuckuck rufen
wie lange noch

der rechnet die Stunden
des Sommers uns zu

die Sonne schmeichelt
ganz zärtlich sich ein

der Tag tänzelt spielerisch
in Boxershorts und Badelatschen

und holt aus dem Kühlschrank
geschlagene Sahne

die kleckst er sich
aufs Marmeladentoast

ein weißroter Mund
trinkt Schokolade

im Radio dudelt eine Musik
die ist zum Füßeaustanzen

da bekommen sogar die Wanzen Lust
mit dem Lauern aufzuhören

also ein Handtuch geschnappt
und raus an den See

und Sonnenschein trinken
im hummelnden Klee

das knallrote Gummiboot
wird aufgeblasen

verrückte Sommer
hängen in Wassernasen

wir steuern ins Schilf
wo die Blässhühner schnattern

und sehen ein Nest
das sie bebrüten

die Blässhuhnmama voller Wut
verbeißt sich in unseren Sonnenhüten

weil sie Nivea Creme sucht
und nicht die Milch in Tüten

wir hätten aber nur
ein Gläschen Löwensenf zu bieten

na gut dann eben nicht
sie zieht beleidigt ab

sowas von Undank aber auch
wir packen unsere Hot Dogs aus

das Ketchup suchen wir umsonst
wir haben es vergessen

die Welle schwappt
oh weh! ein weißer Hai

und wer genauer hinsieht der
sieht sehr wahrscheinlich zwei

du schau mal Mama
das Gummiboot kann fliegen

das muss am Hai
und seiner Flosse liegen

das Ganze nennt man
Haifischflossenreitenüben

das schafft man nur
wenn man den Hai zum Freunde hat

an solchen Tagen
heißt es Freude satt

vom vielen Lachen ist man dann
am Abend herrlich platt

traumhaftes Erleben
das wundersame Träume schafft

Eike:

Auf dem Erdbeerfeld

Du!
Sieh doch nur - das Erdbeerfeld!
Die Kinder
wie sie lachen

und fröhlich uns winken.
Wollen wir auch?
Doch. Schon.
Nur mit dem Bücken
ist es nicht so ...
nicht mehr.
So?
So.
Es geht dann aber wieder.
Besser als gedacht.
Wir geben uns Mühe.
Kichern uns was.
Darin
sind wir Kinder geblieben.
Es ist aber auch zu komisch!
Du, ich liebe dich!
Na, und wie!

Wenn wir uns leise
etwas zu sagen haben
weiß es der Wind.
Der schmeichelt uns
mit Erdbeeren und Sahne.

Später
wird der Wind
alles erfahren haben
alle unsere Geheimnisse
die teilt er den Wolken zu
die tragen

zum Meer
sie hinüber.

Meinst du wirklich?
Aber bestimmt!

Unsere Geheimnisse
sind nicht groß.
Die sind
wie Erdbeeren mit Sahne.
Fruchtig und süß.
Schmecken
nach Erdbeermündern.

Ich will ...
Nicht jetzt.
Doch, doch.
Du -
ich würde so gerne
das Moor dir noch zeigen.
Wie langweilig du bist.
Ich weiß.
Kabbelei.
Die in Küssen sich
versöhnlich erweist
in Erdbeermündern
süß.

Lisi:

Zurück von den Erdbeerfeldern

Fahrradspuren im Gras
schlängeln sich in
Maulwurfhügel
werfen Sand beiseite
verbreitern sich glitschig
vor einer Wolldecke mit
Wolkenmotiven
stecken sie fest
für mehr als fünf Stunden
lächeln zwei sich an
lauschen ergriffen
sich selbst
verfangen in seltenen
Augenblicken
das scheue Reh
vor dem nahen Wald
steht da
schreibt Sehnsucht
in glänzende Augen
nah der Mimosen
rieselt sich
der Abend
in erste Feuchtigkeit
zerstreut sich der aufkeimende Gedanke
zittrig im Augenverzweig
übersteigt mit seinem Gefühl

ein großes Gewühl

aus vollgesogener Lunge
fällt schwere Atemluft
der Duft
wird langsam
vogelbeerrot

Eike:

Im Wald

Was sich in Abendgeläuten
erzählen lässt
unter Tannenzweigen
da knistert es
mit jedem Schritt
dringen wir tiefer
der Wald
hält Geheimnisse bereit
die dürfen wir erfragen
da ist eine Schlucht
tief drunten der Bach
auf hölzernen Stegen
geht es hinüber
wir haben einen Stein
ins Kullern gebracht
fassen uns bei den Händen
hoffentlich haben wir

niemanden aufgeweckt
in den Wurzeln und Zweigen
könnte sich etwas regen
dort huscht es fort
unsere Blicke auf
Drachensuche
Elfen
die zum Moor hinüber reiten
eine Ringelnatter
kreuzt unseren Weg
das kann nur Glück verheißen
wenn die Bäume
sich öffnen
wie ein großes Tor
wir gehen
wir stehen und staunen
eine Ummantelung
ein Deuten
zum Himmel hinauf
dort
über den Feldern
ein Abendrot
wie es schweigen kann
die Sonne gähnt müde
der Kies knirscht
unter den Füßen

Lisi:

Im Wald noch später

Die fremde Gegend
macht der Erde
ein anderes Gesicht
unter dem schattigen Laubengang
liegt nur noch
ein schwacher Lichtschein
die müde Sonne
gibt langsam auf
die Alleen färbt
kein Abendrot mehr
wir halten uns fester an den Händen
unsere Füße
stoßen sich
an der Sense
des Waldarbeiters
bleibt ein Schuh
im Kiesbett hängen
ein eingerammter Stock
stand im Weg
die Luft riecht
nach süßem Brei
nicht unbedingt
Schafherden
suchen den Boden
nach MilchstraßenSternen ab
der kleine Fuchs

schaut von weitem zu
was immer passiert
ich und du
im SepiaGlanz
zwischen Trollen
unter niedrigen Bäumen

Später Tag

Ein Sonnenabend
der Regen geht
auf eine langsame Art
reist in ein anderes Land
kopfverdrehte Gesichter
sehen übriggebliebene
TropfenLichter
der Wind weht
den Himmel
mit fliegenden Schafen
auf blauer Weide
unter sich
blühende Ginsterheide
wir legen einander die Karten
rufst du
und kniest dich
vor den Tisch
als wollest du partout
ein Kind sein

mit Stampfen
mit unbedingt Wollen
den Sonnenabend
den Übervollen
auf deine Schultern
leg ich meine Hände
du legst deinen Kopf
zurück
mir entgegen
kommst mir
so gelegen
ich küsse von der Stirn dich
hinunter zum Mund
ganz bunt
wird mein Blick

Eike:

Zum Abend hin

spüre ich
wie auf meiner Haut
deine Seele wächst
unsere Köpfe im Wind
Gesichter sich suchend
ein Wangenrot
ein Mond
der noch ganz zögerlich
hinter einem Vorhang

schwebt
fast durchsichtig
wiegt sich
in Wolken
wir neigen uns
dem Dämmerlicht entgegen

zwei grätzige Eichelhäher
besprechen den Tag
sie haben viel Unfug getrieben
der alte Ulmenmanm
schweigt sich dazu aus
das Ufer empfängt uns
in Kerzengeflimmer

ein Tisch
zwei Stühle
eine Karaffe mit Wasser
eine mit Wein
ein Augenstrich

von dem
was von nun an
mit uns geschieht
wüsste kein Brotkorb zu sagen

wir beide wissen es nicht
das Wunder der Wirklichkeit
bemisst sich
in Wimpernschlägen

dieser Abend
würde nicht flüstern
gäbe es nichts
zu verbergen

ein Ahnen
taucht auf
im Geländer
schimmernde
Schlösser der Liebe

der Wind rauscht sommermild
die Kerzen flackern
wenn die Sonne vergeht
der Mond
seinen Aufstieg
zu nehmen beginnt
haben die Zeiger der Uhren
vergessen
wohin
verzögernde Schritte
in Abwägung
schwankender
Sinnenblicke

die Zeit steht still

Lisi:

Kein Genügen gibt es
wenn die Zeit still steht
schmiegen wir uns
aneinander
alles ringsum
hält den Atem an
zwei leuchtende Augenpaare
ruhen in schwindelnden Tiefen
alles Überflüssige ist abgefallen
nur die Sehnsucht
hat sich erhalten
verträumt sich im
leichten Wind
vorsichtig
nicht ertrinken
will sie
die uns lebendig hält
durchflutet uns
in zarten Wirbeln
in steigenden Wellen
verschwimmen die Sinne
vor halbgeöffneten Augen
dass sich die Dinge fügen
auf meiner Haut
deine Seele
alle Sterne auf einmal
liegen in ihr

und betten mich
in funkelnde Gipfel
später

Eike:

Liebenden.euch
gilt der Ruf
der Möwe
über dem Fluss
Liebes.Erleben

Komm.du
zum Meer
werfe ich
meine
Augen.Netze

Lisi:

Die unaufhörlichen TeichLinsen
bedecken schon
zur Hälfte
das Wasser
liegt so grün
im Morgendunst
deine Augen wie Netze
sammeln sie

mit schweifenden Blicken
heben sie Schleier
von bleichen Wolken
nie vorher gesehen
ein Aquarell
aus Sonnenstaub
auf badenden Blättern
der alten Weide
verschwimmt sich
wellig zur Unbewegtheit
verläuft es
sich leise
dir
in den Augen

Eike:

flimmern die bleichen Gesichter
Wunder und Herrlichkeiten
die das Meer uns
entgegensendet

ich träume mich
zurück an den Strand
wo die Wellen
meine Spuren verspülen

ich drehe mich um
ich atme den Wind

von dorther
bin ich gekommen

gelaufen
gerannt
wie ein junger Hund
aus den Dünen

ich streife mir
die Kleider ab
ich werfe mich dir
entgegen

Lisi:

Nie mehr zu verwischen bist du
in meinen Armen
so nah
die Welt dahinter
nicht mehr da

das Meer
dem du entstiegen bist
sein Duft liegt noch auf deiner Haut
wie laut sie mit mir spricht
und dein Gesicht

weiß um den Wind
der den Himmel flutet

mit Wellen vor dem Horizont
es sonnen sich
die weichen Wolken

federleicht und klargeträumt
legst du dich
offen in mein Herz
und machst mir
die Gedanken wahr

Eike:

Über dem Meer doch
sind die Wolken
gereiht
geschichtet
fügen sich
zu Gedankenketten

wuchtig mächtig
wie die Memnonkolosse
im Wüstensand

in diesen Wolken
könnten Teufel
spazieren gehen
schauend und staunend
auf Schiffe
und Wellen

tolle Frauen
und Meerweiber
Tänzerinnen
am Abgrund
Fingerzeig
und Gegenbeschwören

ein tiefes Glühen
und Pulsieren
wo sich rote und gelbe
Sonnen begegnen

beleuchtet
den Abend noch
ein Moloch
und springende Kröten
bissiger Bison
und Menschenkopf
schreiend
nach Erlösung

Das Meer
scheut sich
Deutbarkeiten
überlässt es
den Wolken

die ihm Vorhang sind
und Kulisse

dem menschlichen Auge
traut es nicht
es macht sie
zerfließen

Lisi:

Dort wo die Lupinen stehen
- früher verwechselte ich sie
mit dem Fingerhut -
in der Mitte
des Bauerngartens
blättert die Sonne
in blau und rot
gelegentlich in weiß
es wird
ein heißer Tag
das weiß
der Morgen schon

das kleine Taubenschwänzchen
es schwirrt so
wie ein Kolibri
und fliegt es rückwärts
weiß man nie
wohin die Reise geht
zum Meer vielleicht
ob es die Wolken
wohl erreicht

in Bilderbüchern
stöbert

der Himmel
überm Meer
gereckte Finger
malen
WolkenFormen nach
ein Staunen
Ach!

der Himmel
hält sich nicht
an Normen
er lässt sich fallen
wenn er will

legt alle Wolkenbilder
auf das Meer

ein Heer von
weißen Möwen
lacht dazu

Eike:

Wolkengeschwister
und Brombeergeister
wenn die Nebel

aus dem Meer aufsteigen
siehst du die Hand nicht mehr
vor dem Gesicht
du weißt nicht
wo das Land aufhört
und wo das Meer endet
du könntest längst
umzingelt sein
auf einer Sandbank
gehst du
und die Wasser steigen
du wüsstest gerne
wo die Dünen sind
du hast die Orientierung
verloren
du siehst nichts
du hörst auch nichts
kein anderes Geräusch
dringt an dein Ohr
als die Nebelhörner
der Schiffe
weit draußen
denkst du
doch kommt es dir vor
als bräuchtest du nur
den Schleier heben
du würdest sie
auf dich zurauschen sehen
dein Geist beginnt
sich zu verblenden

bald gibst du dich geschlagen
bald meinst du
den blassen Umriss
einer Düne zu ahnen
mal links
mal rechts
du fühlst dich verloren
wie noch nie
in deinem Leben
du bist verloren
hebt der Schleier
sich nicht

Lisi:

als hätte es
meine Seele gewusst
empfindlich
knickte sie mir ein
als sei da ein Ahnen gewesen
dass es um sie
ganz neblig wird
dabei war sirrendes Mittagslicht
um diese Zeit
doch immer

ich kann mich nicht mehr lesen
ist alles verloren gegangen
bin wie ein Analphabet

weiß nicht
ob ich ohne Mantel bin
der Schleier liegt
so schwer auf mir
und ich kann ihn nicht heben
es ist so still
ganz ohne dich
ich fange an zu beben
im Nacken
spüre ich die Angst
den Himmel
trägt jemand
an mir vorbei

Eike:

Ich weiß das
es sind sonderbare Gefühle
wie wenn ein schwerer
Regen fällt
man möchte das Fenster
ganz weit öffnen
damit man den Regen
nur ja auch sieht
eine Decke
über sich ziehen
den dicksten
aller Romane lesen
der in London spielt

oder Paris
in London
wird Nebel sein
wenn du auf einer Brücke
die Themse querst
in Paris
streifst du
durch die engen Gassen
suchst dir eine Bar
deine Melancholie
hinunterzuspülen
wohlig
ziehst du die Decke
dir über die Schultern
wirfst dich in die Kissen
und es darf regnen
und regnen
und regnen

Lisi:

Ganz ins Schauen verloren
der Regen hat aufgehört
keuchende Feuchte liegt im Gras
wartet auf frische Spuren
durch die Wälder streift
erste Sonne

du fällst mir ein
soviel Schweiß
die Haare an Stirn
und Schläfe verklebt
es war ein Sommertag
gestern
den versucht man
anders zu leben
sagst du
und hast dich
durch den Tag geschwitzt

ganz ins Denken verloren
wie wäre es denn
mit einem Teleprompter
man bräuchte nicht mehr
nachzudenken
man liest es einfach ab
spült sich den Mund
hinterher
und alles liegt und wartet
wie vorher

hast du das gesehen
in der Zeitung
stand etwas
das hat mich so aufgeregt
das hab ich gar nicht
zu Ende gelesen
Kegelrobben verhalten sich

sozial auffällig
bei Kegelausflügen
sie heulen zu laut
die Boßelrobben
deswegen will man ein Kegelverbot
am Strand
damit amerikanische Bowlingrobben
zum Spring Break
kommen können

das kann ja heiter werden

Eike:

Wage es
Schönheit
zu wagen
Verspieltheiten
auf die Zunge zu nehmen
Ananastörtchen zu naschen
dänisches Plundergebäck
mit einer Füllung von Mohn
und Vanillepudding

Sprich
von plätscherndem Leben
auf Luftmatratzen
im Freibad
zwischen

Fünfmeterbrett
und Langeweile
der Allgegenwart
von Liegestühlen
auf denen
kalifornische Seelöwinnen
lasziv sich rekeln

Erkenne dich
wenn im Delirium
die Straßenbahnen
dir entgleiten
wie Neonwürmer treiben sie
zum Ende der Nacht
du gehst einem seltsamen
Morgen entgegen

Die reifere Dame dort
im Latexkostüm
hat sich ein Spielgerät
gefunden

Lisi:

Meine Gedanken sind lose
manchmal verschüttet
durch meine Nacht
vor dem vergessenen Fenster
ziehen sich Glühwürmchen

Märsche rein
allen voran
der Parademarsch
lässt
sämtliche Würmer
Haltung annehmen
im Fenster vis-à-vis
zeigt sich die reife Dame
mittlerweile ohne Latex
zungenlahm
ihr Spielzeug trägt Lippenstift
Exupery kommt
ihr in den Sinn
der kleine Prinz
im Affenbrotbaum
verlorene Ansätze
in Flamencos
gemessene Schritte
am liebsten im Stehen

Eike:

Rauch steigt auf
aus der alten
Schokoladenfabrik
ist ja merkwürdig
die ist doch längst
stillgelegt
und überhaupt

frage ich mich
wozu eine
Schokoladenfabrik
einen Schornstein
benötigt
es war aber nur
eine junge Wolke
eine Vorwitzige
die in den
Schornstein
gekrochen ist
wollte sehen
was es
zu sehen gibt
'Na?'
fragte ich sie
'Es war da
eine nackte Frau
die hat
mit ihrem
Pudel gespielt'
'Einem Schwarzen?'
wollte ich wissen
'Apricot'
murmelte die Wolke
'muss mich sputen
die Sonne
putzen gehen'
und entschwand

nach Süden

immer geht es nach Süden
oder nach Las Vegas hin
da muss man aber
reiten

Lisi:

Im Bulldozer nach Las Vegas
das wär's doch
nachsehen
ob es dort
viele Baustellen gibt
singende Reetdächer
passen ja nicht dorthin
auf jeden Fall
die Neon Nights
ein Frühling Stoß
in Schokoladenbrunnen
wenn Veronica
nach dem Lenz ruft
ist längst
alles vorbei

Eike:

Oder mit dem
Tretboot
auch das
wäre eine Idee
wenn auch
keine neue
macht ja
aber nichts
mit dem Tretboot
auf der Treene
klingt nicht ganz
so spannend
für den
Augenblick
wäre es aber
wenn wir beide

Lisi:

Besser auf der Treene
in Seenot mit dir
als eine Träne
im Knopfloch
von Fräulein Menke
ich denke
ein Boot ohne Ruder
kann nicht

aus demselben laufen
Fische
die uns begleiten
ein Schwarm Tümmler
treibt rückwärts
die Alster hinunter
Hirschkühe
blöken
vor dem Andreaskreuz

Eike:

da steht
ein kleines Mädchen
das sehr traurig ist
sie hat bei Penny
einen Strauß Rosen
gekauft
für € 2,99
das war die Hälfte
von ihrem Taschengeld
doch so hübsch
waren die Blumen
blaurosaviolett
die hat sie
in den Himmel
geschickt

ihrer Oma
eine Freude
zu bereiten

nun liegen sie
beim Petrus
im Kämmerlein
weil der sich
über seinen Fußpilz
hat aufregen müssen

der Strauß
landete
in der Ecke
arg zerpflückt
es ist eine Schande

was musste der Mann
auch ins Freibad gehen
inkognito
als Schlüsselanhänger
oder irre ich mich
und er war
die blaublütige
Walrossrobbe?

Oh!
Ich fürchte

dass es am Regen
liegt
fortwährend
muss es regnen
und regnen
und da sind Wolken
die über den
Himmel ziehen
und die sind
blaurosaviolett
und es schlägt mir
fast gar nicht
aufs Gemüt
denn da
bist
Du

Mein Du
ist wie ein
Federwolkenspiel
geschmückt mit
silbernen Spangen
leichtfüßig tanzt es
in einem Meer von Jasmin
das hat
die Nacht
mir aufgezogen

Mein Du
ist eine
Wirbelwelt
in der ich
verzaubert
mich bette
ich lehne mich
lächelnd in die Nacht
ich begrüße
lächelnd den Morgen

Lisi:

Das kleine Mädchen
die Oma im Himmel
der Beweis
für Vorweihnachtswolken
blaurosaviolette
Emotionen küssen
sprachlose Maschinen
in Museen
die Flüsse
in geordneten Reihen zeigen
die Sonne zieht
alle Register
gegen den Regen
anzukommen
der hat sich die Decke
über den Kopf gezogen

er hat Angst
vor der Blaublütigkeit
der Schwäne
drei Golden Retriever
begrüßen die Lerchen
frühmorgens
bist du da
wenn ich meinen
Hafen verlasse
schwach geworden
der Mond hat
mir geflüstert
dass du kommst
bevor er in die Falltür fällt
für die Nöte der Seele
ist er
vorübergehend außer Betrieb
Kobra übernimmt seine Aufgaben
inkognito
als Prinz Eugen
der Mann ohne Venus
seit Wochen nicht aufgebrochen
der knospende Garten
hält alles bereit
Limited Edition
ein positiver Mord
Zuwiderhandlung
läuft sich warm
für den Tag
und näht den Worten

Vergissmeinnicht
an die Flügel

Eike:

Zuwiderhandlungen
werden bestraft
ruft der Schutzmann
an der Ecke
und verpasst der Oma
ein Knöllchen
für zu schnelles Fahren
in der 30er Zone
was hat sie
ihren Elektrorolli
auch tunen müssen
aber gelernt ist gelernt
früher ist sie
Rennen gefahren
auf ganz anderen
Maschinen
das waren Zeiten
da hat sie alle
Register gezogen
und wenn die Sonne
wie im Hamsterrad
zu laufen beginnt
denkt sie
sie könnte noch mal

wie damals am Strand
wo sie den Sand
zum Aufstieben brachte
und im Strandkorb
später
und bis tief in die Nacht
haben sie Flens getrunken
die Korken ploppen
und Werner
hochleben lassen

Lisi:

Hör mir auf mit Werner
der haut das Zeuch sich wech
ich fahre lieber Bentley
polier so gern das Blech

ich heiße gar nicht Schröder
das fällt mir grade auf
ich heiße noch viel blöder
und komm nur grad nicht drauf

ich bin der kleine Holgi
und liebe meinen Porsche
und wenn er mal den Geist aufgibt
ist alles dann im Orsche

Eike:

Es gibt Strumpfaufwickler
die sich
zusammenfälteln lassen
die könnte man sich
ins Portemonnaie stecken
oder in einem
Gummitütchen verstauen
in diesem Universum
gibt es alles
und ist auch alles möglich
das lässt sich daran
schon erkennen
dass ich den Leuchtturm
niemals finden kann
wo er eigentlich
sein sollte
das liegt an der
Krümmung der Zeit
wenn ich über den
Dünenrand komme
ist er längst schon
ganz woanders

Lisi:

Das mit den Strumpfaufwicklern
ist so eine Sache

was macht man mit ihnen
wenn man kein Portemonnaie
mehr braucht
weil alles mit Gefühlen
bezahlt wird
die in Gummitüchern liegen
sich ständig
ungeplant
bewegen
da kann sich die Zeit krümmen
wie sie will
die Kurve muss man bekommen
in Bewegung bleiben
dass man dem Leuchtturm
wieder begegnen kann
dort wo er steht
wartet sein Licht
wenn du
aus der Dünung kommst

Eike:

Ich finde ja
es wäre an der Zeit
Worte der Verzauberung
zu sprechen
weil der Himmel sich
ganz unbedacht
vom Grau

zum Blau
gewandelt hat
es ist
um Fahrrad drin zu fahren
eine weite Tour
bis nach Alaska hin
allermindestens bis
Schneverdingen
ein verwunschenes
Plätzchen inmitten
der Heide zu finden
rings umher
eine Heidschnuckenherde
ein Schäfer
der uns freundlich grüßt
da würden wir liegen
stundenlang
über Grashalme
philosophieren

zu fragen lohnt sich
warum sie im Wind
sich biegen
geschieht es
einfach nur so
weil die Natur es
für nötig befand
oder wohnt ein
unerkannter Sinn

für Schönheit
in ihnen

dem es
nachzuspüren gilt
nachzufühlen
nachzubeben
mit dem Wind
der uns umspielt
wie ein Hyazinthara
der sich verflogen hat

wir sprechen Zauberworte
die leiten ihn
in seine Heimat zurück
wir lehnen uns
ins Gras
unter die Pusteblumen

Lisi:

Zauberworte sprechen
dass sie sich
umschlingen können
die Gefühle
anfangs so zerknittert
alles konnte einfallen
in die Leere
unbedachter Worte

nun haben wir es erkannt
wie lange wir in Rotunden
verkehrten
immer in eine Richtung
vergaßen wir
uns umzudrehen
bist du noch neben mir
zu fragen
der Himmel weinte zu leise
erst beim Abschied
bemerkten wir seine Tränen
wir wollen bald ins Gras
uns lehnen
Pusteblumenschirmchen
verschwistern sich mit
Pappelsamen
kaum auseinanderzuhalten
tasten sich zart
in die Transparenz
wie Findelkinder
die das Leben entdecken

Eike:

Es ist gut
ich gehe neben dir
du bleibst stehen
ich stehe dir zur Seite
du schaust dich um

du schweigst
ich schweige mit dir

du deutest
den Wacholder
du deutest
den Sand

der Sand
gewinnt eine Bedeutung
der Wacholder
fängt zu blühen an

es ist gut
wenn man zu deuten
versteht
selbst wenn ich
den Wacholder nicht
blühen sähe
ich wüsste
dass du ihn
zum Blühen
bringen kannst

es gibt daran
nichts zu deuten

wenn uns
in den Sinn käme
aus dem Sand

einen reißenden
Bach zu bilden
wir würden den
Kahn besteigen
ich würde dich rudern
dorthin
wo die reifen Kirschen
ausgebreitet liegen
auf großen
hölzernen Tischen

Lisi:

Hineingezogen
in unser
Sein
die Verlässlichkeit
macht uns frei
es gibt nichts
zu hinterfragen
wenn wir möchten
verwandelt sich alles
der Sand
wird zum reißenden Bach
du hast das Ruder in der Hand
weist den kleinen Hund zurecht
den Bach nicht zu unterschätzen
mit großen Augen betrachtet er
den alten Kahn

wenn du mich ruderst
wir uns unter der Weide ducken
die ihre Zweige biegt
sich wohlig zu fühlen
im Wasserbett
nimm mich in deine Arme
du hast so ein großes
Gefühl in den Händen
das kann die Kirschen
noch süßer machen
in deinem Gedicht liegen sie
auf hölzernen Tischen

mein Reden
hast du
mir liebverloren
gemacht
ich schweige
so gerne mit dir

Eike:

Ich hatte mich verfahren
ich sagte es dir
du schwiegst

Anstatt mir eine Antwort
zu geben

wähltest du
eine andere Musik

Wir lauschten
auf die ersten Takte
der Gesang setzte ein
die erste Strophe
wir warteten auf den Refrain
wir sahen uns an
und mussten beide lachen

Im nächsten Dorf hielt ich an
gleich neben der Kirche
wir sahen einen Hasen
über den Friedhof hoppeln
es war eines dieser Dörfer
wo die Dächer
keinen anderen
Gedanken kennen
als die Erde küssen
zu wollen

Wir stiegen aus
wir sahen uns an
und mussten wieder lachen

'Cause we are, we are, we are
Lovers lost in space'

Der Hase saß im tiefen Gras
der Hase sah uns neugierig entgegen

Lisi:

Wenn ich abstürze
aus dem Weltall
empfängt mich der Rhein
oder die Elbe
fiel mir ein
dich zu fragen
später
vor dem Aufbruch
du lachtest mich an
wir mussten beide lachen
ob ich einen Helm trage
wolltest du wissen

dann wenn
denn sonst

fliegt womöglich
der Mond zu tief
und stößt sich an dir
ohne Helm
tät es ihm nicht so weh
obwohl dein Kopf
ein sturer ist
und dein Denken

manchmal hart
fügtest du hinzu

ich ließ mich
aufs MoosKissen fallen
so komm ich auf
oder nicht
fragte ich
und hielt mir die Ohren
dabei zu
denn etwas hatte sich gelöst
der lockere Grabstein
die Friedhofsverwaltung
hatte längst darauf hingewiesen
es war eine Ordnungswidrigkeit

du hast es nicht bemerkt
dass ich getroffen war

betroffen
sagtest du
heisst das
nicht g b

b g b lachten wir später
und wälzten den Stein zur anderen Seite

jetzt kann er aufstehen
hast du gemeint
und der kleine Hase

begann die AuferstehungsStelle
zu untersuchen

Eike:

Dass
dein Denken hart sei
überlegte ich derweil
während der Hase emsig
und dein Kopf ein sturer
ich kann mir gar nicht vorstellen
dass ich derartiges
gesagt haben könnte
wir werden uns wohl beide
verhört haben
oder überhörten
was die Tauben
vom Kirchdach zu gurren hatten
meistens werden Tauben unterschätzt
man hält sie für dumm und einfältig
dabei sind sie solch
großartige Navigatoren
da fällt mir ein
Brieftauben könnten wir
uns zulegen
die würden uns Botschaften befördern
wichtige Mitteilungen wie
'die Frösche haben gekräht heute Nacht'
oder

'mir schwirrt der Kopf'
das würde eine Entschleunigung bewirken
in einer beschleunigten Zeit
wir würden uns vor die Tür stellen
und auf die Tauben warten
den lieben langen Tag
Gucklöcher in die Wolkenwand bohren
doch halt
was macht der Hase denn da
fängt zu buddeln an
er wird doch wohl
kein Grabräuber sein?

Lisi:

Wo denkst du hin
der kleine Hase
buddelt nach einem Bild
weil er nicht
JägerLatein
spricht
hat er aus Imago
ein Image gemacht
na ja
er hat die Weisheit
nicht
mit Löffeln gefressen

den Brieftauben

könnten wir
Flötentöne beibringen
oder zumindest
GrasharfenTöne
etwas schwierig
vielleicht
Brief und Gras
aber mit Flöte
nicht weniger
wenn die MückenabwehrKerze
brennt
dann bitte
die Flöte in Cis-Dur
hoch in den Lüften
der Duft der
Zitronenmelisse
die Tauben
spielen Grasharfe
mit Zitronengras

der kleine Hase hoppelt
mittlerweile
mit dem Maikäfer
um die Wette

Eike:

Das ist Perplexion in Perfektion
aber das kommt davon
weil die Wolken so tief stehen
und die Schwalben
noch tiefer fliegen müssen
die suchen nach dem
Bild der Art
eine Metamorphose
ganz eigenständig
hungrige Mäuler
wollen gestopft sein
im Nest
unterm Scheunendach
und falls du dabei
an eine gewisse
Suppenzubereitung
denken solltest
(zuzutrauen wäre es dir)
vergiss es
wir wollten uns doch
die Flötentöne noch beibringen
oder wie war das
ach
egal
es könnte ja sein
dass die Kirche
über eine Orgel verfügt
und im Dorf lebte

ein begnadeter
junger Buxtehude
der würde ein Konzert geben
nur für uns
und wir würden wieder
auf harten Kirchenbänken sitzen
wie in der Kathedrale
das Chartres-Blau
werden wir uns dazudenken
und der Hase hat sowieso
keine Chance
ich verstehe auch gar nicht
warum Hasen sich ständig
auf solch hoffnungslose
Wettrennen einlassen müssen
doch wer kennt sich
im Kopf eines Hasen schon aus
ich jedenfalls nicht

Lisi:

Nur weil Max und Moritz
Onkel Fritz
was Gutes tun wollten
denke ich nicht an Suppen
da bin ich wie der Suppenkasper
der hätte im Leben
keine Krabbeltiere gegessen
aber im Beichtstuhl sitzen

und den Leuten das
Unbereubare entlocken
das würde mir liegen
wenn ich eine
Bordsteinschwalbe wäre
aber nein
wie komme ich darauf
dann schon lieber Dietrich
zuhören
wenn der nicht gerade dabei ist
Fuchs und Igel
gute Nacht zu sagen

Eike:

Das ist ja mal wieder typisch
wir sitzen in einem
gut evangelischen Dorf
eingebettet im Irgendwo
der norddeutschen Tiefebene
und du denkst an Beichtstühle
und Sündhaftigkeiten
hier gibt es aber keine
niente
höchstens
dass wir in den Dorfkrug
hinübergehen könnten
da singen sie
die alten traurigen Lieder

vom Seemann
dessen wahre Heimat
dort draußen liegt
hüben
überm Deich
dessen Sehnsüchte des Nachts
am Himmel leuchten
wenn er unterwegs ist
nach Bali
und Shanghai
wo man immer so höllisch
achtgeben muss
dass man sich
nicht mitschnacken lässt
wenn du verstehst
was ich meine

Lisi:

Siehst du
Lolita kenn ich ja
aber ein
Seemann der sich
nicht mitschnacken lässt
ist mir unbekannt
es liegt daran
dass meine Sehnsüchte
eher Sturzhelme tragen
oder Rettungsringe

Letztere finden sich auch
im Dorfkrug
nehme ich an
wenn die Leute
aus Chinatown
zurück sind
und sich verwundert fragen
warum Burger so dick machen
und warum sie
keinen Reis
darin gefunden haben

Eike:

Ganz sicher
wird ein Schiffchen
von der Deutschen Seenot
auf dem Tresen stehen
denen werden wir was spenden
und einen Küstennebel trinken
der wird uns schon nicht
die Sinne vernebeln
eine ordentliche Portion Grünkohl
dürfen wir uns gönnen
das gehört einfach dazu
und nach dem Weg fragen
wo wollten wir eigentlich hin?
dem Hasen 'Auf Wiedersehen' sagen
und dass er den Maikäfer

grüßen soll
doch sieh nur
den Wolken wuchern
solch verschrobene Gesichter
als ob sie Unholde wären
aus isländischen Sagen
und stimmt es denn
dass Pipi Langstrumpf
von Jungens gar nicht gelesen wird?
wahrscheinlich bekommen sie
Minderwertigkeitskomplexe
mir wird irgendwie so unheimlich
heimelig himmelwärts
dehnen sich meine Gedanken
es könnten die Lupinenfelder
gewesen sein
oder war es die Luzerne
der Klee
und ob man Rapsöl tanken sollte
oder lieber selber trinken
also ich weiß es nicht
doch das Gelb der Felder
leuchtet in meinen Augen auf
und ich frage mich
ob es Demarkationslinien
des Geistes gibt
wie ein Wrack am Strand
das seine Position behauptet

Lisi:

Der Geist
der sich nicht entfalten kann
sich einschließt
in kleine viereckige
Zellen
gerne frei wäre er
und säße
gesellig
am Tresen
in unerschöpflicher Frische
sich versuchend
an Wracks
sie neu zu beleben
stünde ihm gut
zu Gesicht
würde sich
entmilitarisierte Zonen
schaffen
darin zu fabulieren
und zu beiden Seiten
flögen Friedenstauben auf
der sich entfaltende Geist
hat sämtliche Hoheitsgebiete
abgeschafft
und träumt
von Ackersenf
die brachliegenden Felder
zu düngen

ein leuchtendes Gelb
in seinen Augen
ist Sommer
Herr Nilsson
hat seinen Strohhut
aufgesetzt

Eike:

Es findet sich alles
wie man es nimmt
wer sich einpfercht
der wird
seine Wolle
abgeben müssen
wie die Schafe
die kennen es
nicht anders
doch uns
ist ein Flimmern
im Herzen
das Freiheit heißt
ein SichBefreien
aus Zwängen
eigenen
und auferlegten
nur aufstehen
heißt es
sich aufzuraffen

einen Fuß
vor den anderen
zu setzen
und gelte es
tropfnasse Städte
zu durchwandern
leere Cafés
wird es zu
entdecken geben
wo die Kellnerinnen
unter dem letzten
aufgeklappten Schirm
bibbernd
beisammenstehen
und an den
Nägeln kauen
und ist es ein Gefühl
der Verlorenheit
das dich nun packt
so wirf dich
der Verlorenheit
in die Arme
die schlappen
regenschweren Fahnen
am Mast
werden
wieder trocknen
und im Wind
flattern

Lisi:

Gehen meine Augen
auf stille Reise
leise liegt der Wald
und sieht mich ruhig an

im Regen tanzen
keine Bäume
sie tragen
schweres Gewicht
das taugt
für leichte Schritte nicht

die Seele
geriet in die Wolkenburg
und als der Wind
sie befreien wollte
ist sie ihm
aus dem Weg gegangen
als läge über ihr
ein Zwang
ein Drang
in Trübnis zu verfallen

dass es diesmal
nicht lange dauern möge
bis ein HoffnungsFlugzeug
zöge
bunte Luftballons

an Silberstreifen
in den dunklen Horizont

es wohnt in grauer Wolkenburg
ganz oben in dem zehnten Stock
ein ganz besondres Licht
verloren geht es nicht
es wartet immerzu auf dich
du musst es nur befreien

Eike:

Da sind solche Tage
die stopfen mich
mit Trauer
und mit Traurigkeiten
wenn ich
das MenschSein
bedenke
und wo es
im Schatten
verendet

Da gibt es
eine alte Frau
die schiebt
ihren Einkaufswagen
über den Flur
sie schiebt ihn

zum Fenster
mit der verstaubten
Bromelie
dort macht sie kehrt

Dann schiebt sie
zurück
fünfmal
zehnmal

Und ich habe ihr
zugesehen dabei
und mich gewundert
und sie gefragt
warum sie das tut

Dass sie sich
Mut machen muss
weil sie sich kaum noch
auf die Straße traut
hat sie gesagt
und mich
in ihre Wohnung eingeladen

Dort hat sie mir
von früher erzählt
wie sie Neunzehn war
und tanzen ging
und wie viele
Verehrer es gab

Nun trinkt sie Bier
am frühen Morgen
rinnen ihr
die Tränen
für ein gutes Wort
streichelt sie meine Hände

Es steckt eine Einsamkeit
in diesen vier Wänden
wie in einer Legebatterie

Diese zu überwinden
lasse ich meine Hand
auf dem Küchentisch
ruhen

Wie es keine beständige
Glückseligkeit geben kann
heißt es die Traurigkeit
sich nicht einbrennen lassen

Es wohnt in unserer Seele
ein Ort
dazu
und ein Licht
und ein Leuchten

im zehnten Stockwerk
der Wolkenburg

Lisi:

kein Gefühl für Zeit
was ist wichtig
überflüssig
wie weit
muss man gehen
sich dem Leben überlassen
viele Schmerztage
suchen Zuversicht
darf ich mich
in einem jungen Gesicht
spiegeln
um meiner Jugend zu begegnen
ich biete dir nicht die Stirn
will nicht
dass du mich liest
es gibt immer eine Stelle
wo die Sonne nicht hinreicht
ein paar Schritte
den Schatten zu erreichen
wortlos zurück zum Ich
kehrtmachen und versuchen
die vorige Lage einzunehmen
die schönen Träume
wiederzugewinnen
Selbstbetrug
im Tropenhaus gestern
hat es mir den Atem verschlagen
und der Alligator hat mich träge

ins Visier genommen
ich wollte es dir erklären
mein schlapper Atem
konnte mit der Sprache
nicht mehr umgehen
mein Blick fiel durch Altersflecke
in den letzten Sommer
und mich erfasste
ein Angstgefühl
eine Sorge
in leere Augen
blicken zu müssen
und wenn es meine wären
die will niemand sehen
und pausenlos
war ich in meinem Innern
und wollte die Dornen
aus dem Fleisch ziehen
und dann bin ich verblutet
das geschah einfach so

Eike:

Wenn nur Fragen offen bleiben
auf die es keine Antworten gibt
ist das letzte Schiff davongesegelt

Du stehst an einem
monotonen Ufer

schwarzes Lavagestein
wie das Meer
in Finsternisse versenkt
verschluckt

der blaue Himmel
macht den Kontrast
schärfer noch
du stehst
allein

wie auf Glassplittern
Glasscherben
drehst du dich

Schmerzen
deine Schläfen zucken
pulsieren

du hörst
einen Kinderchor singen
von der Unausweichlichkeit
Abschied zu nehmen

in höchsten Tönen

von fern dringt es
dir entgegen
dringt in dich ein
ein Stechen

wie von Nadelspitzen
ein Mückenschwarm

du hältst dir die Ohren
du schwankst
du fällst
du wälzt dich
in den Scherben
Glas zerschneidet
deine Haut
ein Netz
feinster Äderchen
breitet sich aus
rot
wie die Straßen
einer Landkarte
die keinen Ausweg
mehr weiß
allem Entkommen
Gegenschub
leistet
aller Enden
Unausweichlichkeit
dein letzter Schrei
tonlos
ohne Widerhall

So ist es
es ist unausweichlich
das letzte Ufer
doch es ist fern
es erscheint ferner sogar
da uns die Tage
zählbar werden

da bleiben
Rosen auf den
Weg gestreut
da ist ein Gesang
der aus den Wäldern
dringt
der erreicht
dein Herz
wenn
in den Wiesen
Zuversicht
blüht
rauschende
Bäche
von Liebe
singen

es braucht
kein Erinnern
wo mir
neues
Glück begegnet

neue Träume
neue Schönheiten

denn Schönheit
ruht in allem
ob deine Augen
müder geworden
sie leuchten
in neuem Glanz
wenn eine
liebende Hand
sie berührt
vergehen
alle Flecken

aller Schatten
ist von uns genommen

Lisi:

Wenn du der Liebe
einen Platz einräumst
müssen Schatten
die Größe verlieren
dass alles hineinpasst
in deine Seele

Eike:

Schatten verlieren sich
es wird
an Platz nicht mangeln
es wird niemals
eine Frage des Platzes sein
es ist eine Frage des
Vorstellungsvermögens

Lisi:

Kleiner Hund
wird zur Canaille
stellt sich vor den Sirius
wäre gern so hell wie er
überlegt sich dann zum Schluss
dass es so nicht kommen muss
bleibt sich selbst genug

wenn ich mir vorstelle
dass es so ist
reicht das aus
es richtig zu sehen

oder ist das 'richtig Sehen'
unwichtig

wenn man mehr Wert
auf das unrichtige Sehen legt
spielt das richtige Sehen
eine untergeordnete Rolle

Eike:

Wenn ich mich sehe
bin ich die Raupe am Blatt
ein Nimmersatt
ein kleines pelziges Ungeheuer

Ich habe mich
im Augenblick entschieden
ich bin zeitlos geworden
ich sehe die Welt
mit anderen Augen

Ich denke
in Rindenschächten
segele
in Regenkanälen
Wolkenschlachten
strebe ich entgegen

Das sind Leidenschaften!

Lisi:

Wenn die Wege
zugewachsen
wenn der Sturm
des Lebens tobt
der Verstand
verknotet ist

ich bin
ein domestizierter Vogel
der verlernt hat
die Flügel
zu nutzen
wenn er
nicht mehr
folgen will

stelle mich
vor den Orkan
versuche
in sein Auge
zu tauchen
dass er mir
die Ruhe bringt
Phantasie will
ich gebrauchen
herauszufinden
aus dem Tal

wenn ich nur will
verlasse ich
die gewohnte
Spirale des Denkens

Eike:

Wild sein
ausbrechen
Savannen durchstreifen
Nächte im Neonlicht
grelle Farben
grelle Münder
ein Lachen
das eine Spur zu ordinär
eine falsche Perlenkette
eine blaue Federboa
über faltigem Dekolleté
du denkst an faulende Haut
du willst dir Einsamkeit suchen
du findest sie
im Dunkel lang flutender Alleen
deren Schatten nehmen dich auf
verfüttern dich
an ihren Bauch
du kommst zum Fluss
der dir Erlösung scheint
ans Brückengeländer
lehnst du dich

schwer atmend
die Wolken geben
den Mond nicht her
schwarzes Wellenspiel
leises Plätschern
du wartest
was der Fluss anspült
ob es das bleiche Antlitz
einer Leiche ist
ob Schicksale sich erweisen
ob eines Unbekannten Hand
dich bei der Schulter fasst
ein verhüllter Gast
den die Nacht herbeigeweht
den Mantelkragen hochgestellt
die scharfen Konturen eines
Gesichtes kaum wahrnehmbar
ein fremder Akzent
der an roten Wein
in verräucherten Tavernen erinnert
du spielst die Prinzessin
aus dem Morgenland
ein wenig verrucht
ein wenig verloren
du sprichst
von einem fremden Himmel
von Sternen
die ihren angestammten
Platz einbüßten
von Dunkelheiten

er greift nach deiner Hand
du überlässt sie ihm
die Wolken
geben die Sterne preis
du denkst an Savannen
die einsame Wacht
einer Löwin

in klaren Nächten
wenn der Sirius bellt

Lisi:

Du siehst genauer hin
da ist jemand im Fadenkreuz
eine Fiktion
feuchte Schleimhäute
pulsierende Pulse
für diesen Augenblick
der sprechenden Hände
vulgäre Bewegungen
die in ihren Bann ziehen wollen
was soll das werden
denkst du
versuchst reales Denken
es gelingt dir nicht
weil dich der Hund anbellt
weil deine Federboa
ihr Blau nicht hält

weil deine Erregung
zu schwarz ist
eine Trophäe
für wen
ganz kurz
die Prinzessin verlassen
die andere Welt betreten
von außen
Augentäuschung
ausprobieren
erst das linke
dann das rechte
stellt alles anders auf
zurück zum Mond
der Erbarmen hat
seinen Schein versteckt er
noch immer
wolkig wird Sirius
schaler Geschmack
im Mund
er richtet seine Krawatte
ein Versuch
sich zu räuspern

Eike:

Der Hund
hat mir von einem
Wunschbaum erzählt

der wandert
still durch die Nacht
und schüttelt
seine Zweige
daran
hängen Liebesperlen
die reicht er
den Einsamen
die heimwärts eilen
in Sorgen verstrickt
in Zweifel
und Verzagen
ich sehe
Rosen leuchten
im Laternenschein
ihr Duft ist
wie ein Mondsichelatem
es blüht ein Ginster
auf Schuttbergen auch
der alle Krankheit heilt

Lisi:

Liebesperlen
hast du mir
in die Hand gelegt
weißt du noch
angeblickt
hast du mich

als du meine Hand
genommen hast
sie umgedreht
das Innere nach außen
bunt waren sie
die kleinen Perlen
süßgeballte
Herzverzweiger
im Mund schmeckten
die Farben nach
Frühlingsrausch
da wuchsen mir
Blumen ins Bild
wie eine Malerei
mir im Kopf

Eike:

Ich sehe ein Bild
es ist Nacht
eine Lichtung im Wald
da steht ein Mädchen
nackt steht es da
schaut zum Himmel auf
zum Mond
zu den Sternen
---
ich stehe
unter den Bäumen

staunend
wie angewurzelt
stehe ich da
das Mädchen
den Blick erhoben
---
ich weiß nicht
was geschah
warum das Mädchen
in Tränen ausbrach

Lisi:

Allmählich
nimmt sich die Trauer
zurück
das kleine Mädchen
will nicht mehr weinen
am Tag wird die Sonne
wieder scheinen

wenn es abends
wieder dunkelt
munkelt es im
Wald sich gerne
bald - so wissen es die Tiere -
zeigt der Himmel
seine Sterne

wenn ein Mädchen artig ist
zieht sich an
und ist ganz züchtig
dann verwandeln sich die Sterne
werden Taler und sie fallen
in das aufgeschürzte Kleid
tut mir ja leid

auch Sterne haben Kleidervorschriften

Eike:

Da sind Schleifspuren
du siehst sie nicht
---
es geraten Antworten
ungefügig
---
du gehst einen Weg
es wandelt sich
---
ein Rosenhag
zur Dornenhecke
---
du spürst dich umfangen
es schließt sich
---
ein Labyrinth
unausweichlich

Lisi:

Blaue und grüne Rosen
was machen sie
mit mir
streuen Blütenblätter
auf Wege
die ohne mich
gehen
als wäre
ich tot
ein Idiot
mit schwarzer Strähne
im Gesicht
Irrlichter
versuchen
mich zu begeistern

ich brenne lichterloh

ehe es zu spät ist
werde ich mich löschen

ohne Spuren
zu hinterlassen

mein Weg
soll keine Sackgasse sein

ich beginne neu

Eike:

ich setze neue Spuren
die zeigen mir
dass ich bin
ich lebe
ich
ein neues Geschöpf
eine neue Gattung
ich
mit silbernem Wiehern
ich
mit goldenen Hufen
die schwarze Strähne
ins Gesicht geworfen
Mut
schenkt mir
meine Wolkenhand
der Wind
segelt sehnsuchtstrunken
den rotumrandeten
Schluchten entgegen
in die ich mich
stürzen werde
ich fliege
ich
der ich die Pfeiler
biege
meine Rubinaugen
schmelzen

den Fels
den Stein
mit allen
Scharlachblumen

ich
der NeuErschaffene
ich
der ich gekommen bin
alle Götter
zu verzehren
denn ich bin es
unter dessen Hufen
die Erde erzittert

die Gebeine der Toten
brechen auseinander

Lisi:

Jetzt heißt es
sich zurückfinden
aber wozu
im fliegenden Galopp
weiter
alles was sich mir
in den Weg stellt
einfach vernichten
weil ich es kann

mögen die Götter
sich an Eichen versuchen
ich bin meine eigene Art

bis du kommst
bleibe ich

einzig die Liebe
kann mich aufhalten
ihr will ich zu Willen sein
alles werde ich dafür tun
die Liebe ist das einzig Wichtige
dafür sich aufzugeben
ich weiß es nicht
werde es wissen
wenn sie da ist
werde die Fanfare hören
die sie ausschickt

ich schaue mich um
du bist da

ich erzähle dir von Geigen
nur für dich gedacht
eine Geigenfanfare
daran stößt sich
dein Kopf
eine Fanfare
eignet sich nicht
für Trompeten vielleicht

wenn sie flüstern
doch nicht sie
sagst du
und lachst mich an

aber ein Tremolo
das passt
zu allem

Eike:

Dionysos

Ein kleines Kind weint
und erwacht
es versteht nicht
woher es kam

da ist
eine Flammenwand
eine mächtige Gestalt
hebt sich darin ab
die Blitze schleudert
deren Stimme
ein Donnergrollen

Vater
sagt das Kind
mehr weiß es nicht

ein weiter Strand
tut sich auf
glühend
im Sonnenbrand

Frauen
in schwarzen Gewändern
die halten
ihre Finger in den Wind
ein Sturm zieht auf

neue Ufer
Sümpfe
grünbefleckte Teiche
Krokodile lauern

ein Heerbann
Elefanten
in wogender Reihe
ein Getümmel

ich
weiß das Kind
werde der
Schlachtenlenker sein

das kleine Kind lacht
und erwacht

da sind Ebenen
Höhen
schneebedeckte Berge
da ist eine Welt
die öffnet sich
groß

diese Welt
ist mein

Vater
ich werde dir
ein Sohn sein

Blut wollen wir trinken
den Stab einstoßen
laufen bis auf den Grund
mit Schaum vor dem Mund
bis zum Mittelpunkt der Erde

dieses Herz
Vater
schenke ich dir

Lisi:

Dionysos aus meiner Sicht

du trägst
dein Herz nicht mehr
in dir und würdest
es so gern verschenken
es ruht in uns
Prometheus
hat es so gewollt

wer weiß das schon
vielleicht
dass es dir gut geht
im Elysium
und dass ein neues Herz
dir zugestanden wurde
eine zweite Geburt

dass du der Gott des Weines bist
und dass du gerne lachst
dass du ein Sorgenlöser bist
uns rausholst aus der Nacht
stößt du uns manchmal auch
in sie hinein
in einen unerhörten Rausch

ein Stier
ein göttergleiches Kind
das später im Olymp
neben Apoll zu Hause ist
der kennt sich gut
mit Form und Ordnung aus

Apoll verzeih
hätt' ich die Wahl
ich zöge mit Dionysos ums Haus

Eike:

Mit Dionysos um die Häuser ziehen ...
wenn das nicht
der Himmel auf Erden wäre

wir würden überall
freigehalten werden
nicht nur beim Griechen
diesen Gott
würde jeder erkennen
diesem Gott
könnte keiner widerstehen
unbezwinglich wären wir
wenn der Wein nicht
unsere Füße
einknicken ließe ...

doch was kümmern uns
Ordnung
Formen
lassen sich neu gestalten
entfalten wir uns
auf andere Art

Lisi:

Lucy in the sky with diamonds
warum fällt mir dieses Lied ein
ich weiß es geht um Alice
die wohnt Tür an Tür
mit Dionysos wahrscheinlich
wenn aber Humpty Dumpty im Spiel ist
du meine Güte
fällt er in den Dreck
ist er nicht mehr zu retten
seine Form ist dahin

siehst du
so würde es gehen
da braucht man kein LSD
da nimmt man sich
viel Glaserl Wein
und macht damit
die Welt sich fein
und wenn wir erst
beim Griechen sind

Dionysos Sirtaki tanzt
dann kommt der Freddy Quinn vorbei
und sagt er hieße Anthony

Dionysos derweil
ist richtig froh
er flirtet mit Michelangelo

Eike:

Kaskaden eines neuen Morgendämmers

Michelangelo spricht:
Auf diese Wand
hefte deine Augen
sieh
deine Augen
sehen durch
meine Augen
Lederbeutel
der ich bin
knochenlos
leer
ein Fetzen Haut
mein Angesicht
von Grauen verbogen
den Händen des
Bartholomäus
werde ich entgleiten

der lauschet den Worten
des HERRN
der spricht
vom jüngsten Gericht
verloren bin ich
ich werde fallen
in tiefste Höllen
in der Flammen Grund
werde ich
mich wiederfinden
wenn du mir nicht
Flügel verleihst
du
mein anderer Geist
wäre mein Elend
um Linderung betrogen

Lisi:

Das jüngste Gericht aus meiner Sicht

Fürchte dich nicht
vor dem jüngsten Gericht
wenn einer
der die Liebe
über alles stellt
am Ende richtet
wie könnte es dann anders sein
als dass er niemanden vernichtet

der wohl die größte Liebe
hat erfahren dürfen
die ihn vom Tod befreite
ihn auferstehen ließ

der uns den freien Willen gab
er wusste um die Schwachheit
der Menschen
ihn richtig einzusetzen
wird er nicht Gnade walten lassen
wenn sie am nötigsten ist
den Menschen vor Verdammnis
zu befreien
vor ewiger Finsternis
wer wenn nicht er
der Herr unser Gott
wird richten in Gerechtigkeit

wäre es anders
gäbe es ihn nicht
den Herrn unsern Gott
wer sollte uns richten wollen
wenn nicht wir selbst
die wir uns messen lassen müssen
von unserem Gewissen
auch der Gewissenlose
weiß um Gut und Böse
weil er beides in sich trägt
es zu erkennen

das Gute zu unterstützen
ist unsere Lebensaufgabe

das Ergebnis
erfahren wir am Ende
dann erkennen wir
uns selbst
es bleibt uns nur
uns anzunehmen
alles Gute und alles Böse in uns
sich bloßzulegen vor sich selbst
bevor man gehen muss
ganz nackt wie zu Beginn
das Leben
und am Schluss
sich ungeschönt die Wahrheit anzusehen
sich selbst verstehen
mit sich leiden müssen
wenn die Schuld überwiegt

der Tod kennt die Barmherzigkeit
er deckt uns alle wieder zu

Eike:

Ich spüre ein Leuchten
unter rußiger Fratze
helle Farben
verborgen im Schatten

kommt!
rufe ich
reibt euch
das Gesicht
mit klarem Wasser
tretet hervor!
Sonnenvögel
wollen wir sein
Frühlingsboten
Sommergefährten
das ist es
was den Menschen
macht
Kinder einer Welt
sind wir
unsere Erde
eine Alabasterkugel
die rollt dahin
unter einem Himmel
der sich öffnet
blau
mit weißen Tupfen
ein Wolkenparadies
das bettet sich
auf grüner Wiese
wo Blumen blühen
rot und gelb

auch wir
wollen uns
hier fallen lassen

Lisi:

Mit dir
auf einer Blumenwiese
wie im Paradies
das nichts eingebüsst hat
von seiner Schönheit
der Himmel darf Wunder regnen
ein Verführer sein
Schönwetterwölkchen
soll er zeigen
uns vergessen machen
eine kleine Weile nur
was wir zerstörten
in der schönen Welt
was wir ihr angetan
vielleicht
dass wir uns neu besinnen
und beginnen
mit anderen Augen
uns zu sehen

wir betten uns
in blühende Blumen
und träumen den Himmel
in uns hinein

Eike:

Der Himmel du
und ich und die Farben
Farben
wie keine sind
Farben!
du und ich
wenn es die Farben nicht gäbe
was sind wir gesegnet
dieses Grün
diese vielen Töne von Grün
Grün
so viel Grün
und das Ocker des Bodens
erdig
krümelig
ich möchte meine Hände darin baden
ich tauche sie ganz tief ein
ocker
braun
Erde
Leben
und dann sind da die roten Kleckse

des Mohn
dazwischen
und darüber
leuchtend
weithin
Rot!
Rot!
roter Mohn
rote Sonne
rote Lippen
rote Liebe
das Leben ist schön
und voller Farben
sie sind ein Geschenk des Himmels
ich glaube
wenn es das Blau nicht gäbe
dieses alles beleuchtende
Himmelblau
wir würden überhaupt keine Farben
sehen können
doch wir sehen sie
wir sehen!
was sind wir gesegnet
Farben
die unserem Sehen begegnen
Farben
die uns Sehen lehren
Sehen
wie keines ist

Lisi:

alle Farben
leg ich in den Himmel
die Seele zu baden
wenn sie von ihm träumt

alle Farben
nehm ich in mir auf
dass ich den Himmel
auf Erden erkenne

in alle Farben
kleide ich dich
dass du mir immer
leuchtend bleibst

all deine Farben
zeigen sich mir
wenn ich
von dir träume

Eike

Iob

Oh! Was wird mir träumerisch
ich kann mich in eigenem
Buch nun lesen

in würdiger Handschrift
erhabenen Buchstaben
ausgerechnet ich
dem sie alle fluchten
da ich standhaft blieb

'Hast du meines Sohnes Iob geachtet'
hat der Herr den Satan gefragt

Oh ja - er hat sich meiner angenommen
er hat mir alles genommen

Und ich bin standhaft geblieben
denn ich wusste
was nicht geschrieben steht
ein Gott
der sich in seiner Allmacht gütig gibt
wird sich aus gleichem Grunde als
tückisch erweisen

Lisi:

Gedanken zur Standhaftigkeit Hiobs

Standhaft sein
setzt unbedingtes Vertrauen voraus
Standhaft bleiben
geht nicht wider besseres Wissen
dann würde es Verbohrtheit sein

Kann der Herr
der für sich in Anspruch nimmt
allmächtig zu sein
Spaß daran haben
einen Menschen zu knechten
was bezweckt er damit
baut er sich am Leid
des Menschen auf
der ihn gegen
alle Anfeindungen immer
und immer verteidigt

ist Gott der Herr
gütig
und
allmächtig
das Gute zu tun
oder lässt er
dem Bösen
bewusst
so viel Macht
dass der Mensch
umkommen kann
darin

Wer ist Gott wirklich

ein Mittler zwischen
Gut und Böse
ein GutBestärker

oder
nur
versessen
auf reuige Sünder

Eike:

Schwer
lastet die Frage
auf dem Menschen
wenn die Wolken
spiralig aufwärts streben
im Abendrot
des Tages Werk getan ist
und die Zeit
des Sinnens gekommen

Wer ist dieser Gott dort droben
ist es ein Zürnender
ist es einer
der sein Spiel mit uns treibt
zu seinem Ergötzen?

Er
dessen Geschöpfe
dessen Abbild wir sind

Wir sollten uns
nicht täuschen lassen

Strenge
ist nicht seine Sache
dass Böses
vom Menschen herkommt
ist Teil des Geschehens

Gott betrachtet uns alle
gleichermaßen mit Mitleid
wie Sympathie

alles andere
entspringt unseren Fantasien

Was wir
aus unserem Schöpfer machen
wie wir
ihn uns gestalten
in unserer Seele
finden wir es vorgegeben
die der Sünde zugeneigt
und in Schatten
sich verliebt
wie sie dem Licht entsprungen
und emporsehnend
sich entfaltet

da steht der Mensch
sinnend
den Blick
zum Himmel gerichtet

Lisi:

Überall ist schöne Welt
darin sich Träume pflücken lassen
ein Sommer zeigt sich gelbgewandet
vor blauen Wolkenbergen
heimst er Glücksgefühle ein
winkt uns zu mit grünesten Händen
Bäche jauchzen in Silbergewell

wenn wir sinnend gen Himmel blicken
um die Wellen in uns zu spüren
wird die Seele manchmal kehlig
weil sie die Umarmung spürt
wiederkehrend was verloren
findet seinen Weg zurück
alles Laute wandelt die Stille

es gibt eine ebene Zeit
da fallen die Höhen
in alle Täler
es spricht die Ausgeglichenheit
bringt Harmonie und Ruh
unser Schöpfer sieht uns lächelnd zu
er weiß schon das neue Verlangen

Eike:

Weil wir Menschen
unrastig sind
und ungeduldig
wir wollen alles wissen
und alles erreichen
und alles auf einmal
doch so ist die Welt
nicht eingerichtet
die Welt hat Geduld
die Welt erwartet Geduld
nur uns
erweist sie sich
als der schnelle Fluss
dem wir glauben
mit größerer Hast noch
folgen zu müssen
weil uns die Zeit
beigemessen
oder
so scheint es uns

die Wolken gleiten dahin
sie lösen sich auf
und bilden sich aufs Neue

Lisi:

Zwischen Anreise und Abreise
gab es die Straße
nicht allein für uns
vergebliches Ausschau halten
später bei ihr
verhaltene Freude
doch nein sie war groß
schmiegt sich schmal
an mein Gesicht
dass du gekommen bist
der Name entfallen
das Erkennen flackert auf
legt Tränen auf mein Make up
und Spuren in die Seele
wieviel Zeit und Langeweile
ein Balkon ohne Liegestuhl
im Rollstuhl sitzt man genau so gut
im Hintergrund die Kirche
ein helles Gebimmel
nennst du es und ich denke
an dunkles Glockengeläut
früher mit Lockruf
heute nur Pflicht
einsames Zeichen am Arm
es ist verboten ohne Aufsicht
mir darf man nur helfen als Profi
sagst du und wir schweigen
sind froh wir müssen dann nicht

und du weinst und deine Freude
ist groß und du fragst nach dem Namen
meines Sohnes und ob er schon
flügge ist möchtest du wissen

später
die Wolken interessieren sich nicht
lehnen jedes Zwiegespräch ab
so nicht denke ich
man darf nicht stehenbleiben
lese ich auf einem Plakat
das Leben geht weiter
aktiv muss man bleiben
und ein einsames Zeichen
Notruf
steht darauf
helles Glockengebimmel setzt wieder ein
mein Herz
liegt traurig im fremden Leben

Eike:

Es gibt immer noch ein Ziel
natürlich: das Letzte
dass es schnell gehen soll
oder dass ich nichts mehr merke
ich wache auf
und da ist nichts mehr
endgültiger Friede

aber bis dahin gibt es Ziele
und Vorstellungen
Träume
wie der Traum
von den beiden Pflegeschülerinnen
die eines Nachts an meinem Bett standen
um mich zu verführen
na
an meinem Bett haben sie
bestimmt gestanden
als sie ihre Runde drehten
das andere habe ich geträumt
immerhin
der Arzt sagt
mit mir sei alles in Ordnung
nur: natürlich
es sei wie mit einem alten Auto
der Motor
und die Verschleißteile
meine Füße
wie abgenutzte Pneus
der Arzt sagt
es fehle ihm die Erfahrung
so viele Patienten hätte er nicht erlebt
die 96 sind
und dann auch noch laufen könnten
selbständig
und ich sollte aufpassen
wenn ich stürze
mit den Knochen

die Verschleißteile
sie verstehen
hat er gesagt
ich verstehe schon
aber laufen will ich
soll ich auch
tu ich
solange es geht
zum Altonaer Balkon hinüber
zuschauen
wenn die Kreuzfahrtschiffe anlegen
und 2000 Leute oder mehr
nach Hamburg hereinströmen
und fragen
ja
sie würden gerne dies und das
sehen und erleben
und ein Augenzwinkern
und ich sag
na
da sollten sie dann gleich hier entlang
und da und dort hin
so gut kenne ich mich noch aus
und einmal noch Fähre fahren
möchte ich
auch wenn ich Angst habe
ich gebs ja zu
nach dem was der Arzt
mir erzählte
die abgenutzten Pneus

und das glatte Holz der Fähranleger
und trotzdem
mit der Fähre fahren
am Liebsten nach Finkenwerder hinüber
Scholle essen
nur einmal noch
das machen wir doch
oder?

Ja, das machen wir.

Lisi:

bei untergehender Sonne
ein Park der seine Farben
verschüttet hat
lang ausgestreckt liegt
verlaufene Sprache
ruhen meine Augen
in sinkender Zeit
spreche ich mit mir selbst
verfange mich in Zeiten der Kindheit
was soll ich tun
sie hängt an mir
wie bunte Petunien in Weidenkörben
Jungbrunnen für Gefühle sind
deine blauen Augen
die über verzitterte Farben schwimmen
deine entgegen schweifenden Blicke

während der Mond
seine Sichel schickt
während der Wald
seine Wipfel dunkelt
unser Stern empfangsbereit wird
eine Gleichgewichtsstörung
hört auf
strömt sich Wärme
wie frischgeboren
legt sich sanft auf tastende Lippen
schmeckt sich das Leben
mit Zärtlichkeit ab

Eike:

Einen Ort des Ausblicks zu finden
um Einblicke zu empfangen
dann Einkehr zu nehmen
dich in Gedanken zu verlieren
solche Orte gibt es
es kann ein großer Ort sein
einer
an dem ein Maler einst
ein großes Bild entwarf
weil der Ausblick groß ist
und auch du stehst
und staunst

es kann aber auch ein
kleiner bescheidener Ort sein
eine Bank im nahegelegenen Park
hundertmal und mehr
hast du dich darauf niedergelassen
weil du dich zu diesem Ort
hingezogen fühltest
weil da Schwäne schwammen
im benachbarten See
weil nur hier
ein ganz besonderes Rauschen
der Bäume war
darum
kehrst du immer wieder
hierher zurück
dankbar
dass es einen solchen Ort gibt
der zum Träumen einlädt
der dir Gedanken eingibt
der dich fragen lässt
wie es dem geliebten
Menschen wohl geht
du empfindest Wärme
zärtliche Gefühle
Gefühle der Verbundenheit
steigen in dir auf
du sitzt
und schweigst
und gibst dich hin

du lässt den Zauber von dir
Besitz ergreifen

dann lässt du ihn ziehen

Lisi:

Was ich vorher
nie vernommen
flüstert sich mir
unter großen Bäumen
hat hinter
hohen Mauern geschlafen
zwischen gelben
windschiefen Halmen

schieben sich Wolken
streckenweise
werden sie dichter
wechseln die Farbe
stören die Sonne
Gedanken zu blenden
wollen so gerne
von sich erzählen

etwas Flirrendes
sucht die Luft
irisierende leuchtende Farben
knisternder Hauch

exotischer Duft
atmet versteckt
in Gebirgsformationen
tut eine neue Landschaft
sich auf
setzt sich in treibende Wellen

Kornkreise
liegen
verschlüsselt
im Weizen
sammeln
verwundete
bunte Vögel
die vor
Fensterscheiben flogen
neue Geheimnisse
zu entdecken

lege mich dir
ganz zaghaft
zur Seite
meine Augen
nehmen dich auf
ehemals lesbare Offenheit
hat sich verloren
in Dunkelheit
sucht erneut
geflügelte Weiten
findet sie

wieder
in neuem Licht

leise
kommt
ein NochVielMehr
von dir
mir
in die Seele

Eike:

Leise leise
deine Stimme flüstert mir ans Ohr
und ich höre
wie nur ein Mensch hören kann
es ist eine Übereinstimmung
im Pulsschlag des Lebens
ich sitze
ich schaue auf das Bild
eines blühenden Gartens
es ist ein Garten der Vergangenheit
schön und fremd
da blühen Blumen
da stehen zwei junge Frauen
in langen weißen Gewändern
keine davon bist du
und doch erscheinst du in diesem Bild
du bist da

ich spüre es
vielleicht bist du die Dritte im Bund
bist an der letzten
Weggabelung stehengeblieben
weil eine kleine Blaumeise
deine Aufmerksamkeit verlangte
ich weiß um deinen Blick
dein tiefes Eindringen
in die Geheimnisse des Lebens
deine teilnehmende Freundlichkeit
und der kleine Vogel
weiß das auch
und versteht

wie ich es verstehe
wenn du ins Bild nun treten wirst
weiß um die Innigkeit
mit der unsere Augen
einander begegnen
so nah

du bist da

und ich trete ans Fenster
mein Blick
geht über die Bäume hin
geleitet mich
in die Ferne

da bist du

Lisi:

Sehe dir zu
vornübergebeugt
sitzt du vor deiner Malerei
in deinem Blick
Erinnerungsfarben
die gilt es zu mischen
mit Gegenwart
gerne wäre ich mit dir gewesen
damals als du die Welt bereistest
hätte dir so gerne zugeschaut
als du den SonCubano getanzt
sehe dir zu
betrachte die Zeit
die sich einfach selbst vertrieben
alles was geblieben ist
liegt in der Spitze des Trommelstocks
wie du die Zimbeln hören willst
wenn du noch immer den Rhythmus
schlägst
sehe dir zu
am späten Tag
wenn du langsam
die Sprache verlierst
wenn durch den Mond du
zum Schlafwandler wirst
als wäre dein Platz schon im Himmel

Eike:

Es sind diese Tage
wo du meinst
dass ein guter Geist
ein spiritus boni der Farben
seine Staffelei
aufgestellt haben müsste
drunten am Fluss
oder mitten in der Stadt
in der Einkaufspassage
wer sehen will
wird sehen
wer sich dem Wunder
zu öffnen versteht
es ist nicht schwer
wenn du ein Mensch bist
sperr die Augen auf
der Katze in der Nacht
werden noch
ganz andere Bilder

Siehst du an der Ecke
das Mädchen
mit der Gitarre stehen
sie spielt gut
sie hat auch eine schöne
warme Stimme
nimm dir dies Bild
mit in den Tag

doch vergiss nicht
ihr vorher einen Euro
in den Kasten zu legen
oder
- nicht knauserig sein -
besser zwei

Lisi:

Angeweht
gegen das Fenster geflogen
ein Federchen aus zartem Flaum
ist aus dem Vogelnest gefallen
lag wie verloren man sah es kaum

das GitarrenMädchen dort hinten
hat das Federchen lange betrachtet
wie schön es doch war
ganz zart und so weich
berührt mit dem Finger und streichelt es
gleich

hat es sich auf die Hand gelegt
wollte es immerzu betrachten
hat es ganz vorsichtig angehaucht
wollte nur spüren
wie es sich bewegt

Federchen ist auf den Boden gefallen
lag ganz verdutzt und wunderte sich
die Welt sah wieder wie vorher aus

kam der Wind und hob es hoch
wehte es gegen mein Fenster ...

Eike:

Federchen
hab es aufgehoben
Federchen
ist mir davongeflogen
konnt es nicht halten
wollt es nicht zwingen
Federchen flieg

Lisi:

in fremden Gegenden
tragen Schweine
Brillen aus Horn
nicht vorn
hintenrum muss man gehen
da liegen Stoffe
im Riesenrad
Parabolspiegel
hängen über dem Wald

genau zu sehen
auch die Lobau
- Napoleon war ein Voyeur
sonst hätte er sie nicht gekannt -
Pokémon
in solchen Spiegeln
da können Handys nicht mithalten
- da kann man einstellen
was man will -
nieder mit dem Handyverbot
an Schulen
Monster müssen eingefangen werden
nein
keine Lehrer
obwohl
in neuen Welten
wachsen Phantasien
in TTIP
da ist so ein Monster
echt antiquiert
da wachsen ganz andere
Knaller heran

Eike:

Kampfhandlungen
greifen um sich
es gibt kein Vorwärts
und kein Zurück

im Berufsverkehr
im Warenverkehr
im Meinungsaustausch
der Willensbildung
der Selbstfindung
dem gerechten Schlachtenlenker
winkt das Glück des Tüchtigen
da wird dem Nebenmann
ein Messer in den
Bauch geschoben
Ausreden finden sich billig
Erklärungen
Bekennerschreiben
Verlautbarungen
weil er schlicht
im Weg gestanden
dazu noch
anderer Hautfarbe
anderen Glaubens
Beifallsbekundungen
Klatschen
von allen Seiten
von überall her
tiefe Betroffenheit
angesichts
dieser tragischen Umstände
fassungslos
steht man
vor diesem Ereignis
Sprachlosigkeiten

Worte
finden sich
Worte
fügen sich
driften auseinander
verfliegen sich
Nachtvögeln gleich
die haben
auf schwarzen Ästen gesessen
Einkerbungen hinterlassen
Chiffren
Geheimcodes
haben sich Amulette geschaffen
Götzenbilder
abgeschnittene Gliedmaßen
Gewaltphantasien
ausgelebt
wenn dir der Mord
auf der Stirn
geschrieben
aber wer weiß das schon
die Tagesordnung
steht vor der Tür
wir wollen sie
hereinlassen
Danke
ja
ein Kaffee täte jetzt gut

Lisi:

Die Wirklichkeit verleugnen
die Himmelsrichtungen
nicht mehr unterscheiden
der Wind ob von hier oder da
fest verankert ist doch einfacher
an solch einem Tag
will man nicht überlegen
schon morgens die Zeitung
wegen der Tränen
heute bitte nicht
es gibt zu viel zu tun
ich parliere gerne
über das Weltprinzip
oder gibt es das nicht
also doch
ich hatte darüber gelesen
ja sicher die Pathologie
sie ist immer zuständig
spätestens dann
wird alles klar
warum sein Turban
vor dem Gully lag
das konnte die Kamera
nicht erfassen
der Trecker stand doch davor
das Weltprinzip
hat viel mit Liebe zu tun
und Aufopferung

das wollen wir aber
nicht näher erläutern
sagst du und erklärst mir
das Weltrechtsprinzip
und da geht es zur Sache
sagst du
da wird bestraft
wer sich nicht daran hält
weltweit
und das hat was
mit Recht zu tun
und das ist das Wichtigste
du mit deiner Liebe
du musst den Tatsachen
mal ins Auge sehen

Eike:

Tatsächlich
hat es doch alles
mit Liebe zu tun
wenn es ein Zuviel
davon wird
kehrt es sich um
dreht sich weg
Tatsächlich
hat sich das Leben
an nichts gekehrt
ziehen die Wolken

über den Himmel
Kreise
der Hoffnung
der Gleichgültigkeit
wenn das Tatsachen sind
niemand weiß es
was ich aber weiß
dass jeder Mensch
wichtig ist
jeder einzelne zählt
jeder einzelne
du und ich
einer der Halt
geben kann
der Trost spendet
der Liebe
zu verschenken hat
ja
Liebe in Übermaß
in Verschwendung
es kann nicht genug
davon geben
niemals
nie
und der Verblendung
stehen wir alle
doch machtlos
gegenüber
sind wir doch alle
Geblendete auch

potentiell Gefährdete
Tatsächlich
klammern wir uns
aneinander
zitternd
bibbernd
bangend
und doch immer
und immer
und wie gut
dass es dich gibt

Lisi:

Fließt Sanftgesinntes
in den Himmel
ein leises Getümmel
im Sommerflieder
die Sonne nimmt
ihr erstes Bad im nahen See
ein leichter Wind
wendet das Gras
und lässt den Tau
an Halmen
schimmern
ein Flimmern liegt
im zarten Rosenduft
der Luft

wenn dich dein Herz
nicht erwärmte
wüsstest du nicht
die Freude zu kennen
könntest du nie
den Meerwind
spüren wenn er
die Rosenperlen geküsst
würdest in schwarzen Gruften liegen
wie besiegt
von dunklen Bildern
die dir kalte Welten schildern
zeigte der Himmel dir nie
sein strahlendes Blau

Eike:

Ja
lass uns anderen
Gedanken entgegenfliegen
Himmelswogen zerteilen
wir könnten zum Beispiel
von früher berichten
als alles ganz anders
und schöner
und besser
als es noch ein Wetterleuchten gab
das sich gewaschen hatte
und Straßenlaternen

die brauchten einen Räuchermann
einen Eckensteher
eine Harfenjule
und
was noch alles
es gegeben hatte
gegeben haben könnte
Soireen bei Frau Varnhagen
da drängten sie sich
untadelige Untiere
die sich in
schmalbrüstige Brüste
schmissen
und von ihren
Untaten berichteten
was sie alles fertigbrachten
damals
(ein noch damaligeres Damals)
als es noch Mythologien gab
und Sturmwinde
und Nixen und Sybillen
die auf einem Felsen lauerten
kaum dass sie sich
in der Brandung halten konnten
so eng war es
auf dem Felsen
und glatt
klammerten sie sich
aneinander
und doch

wurde eine davongeschwemmt
Sibylle hieß sie
und stammte aus Vechta
doch ich
sprach das Untier
und nun hieß es sich wieder
in schmalbrüstige Brüste
zu schmeißen
Aua!
(das war das Korsett)
habe sie
der brodelnden See
entrissen
habe sie
errettet
erettetet
in meinen starken
Armen geborgen

Manchmal
sieht der Mond
schon recht einfältig aus
und den Hof
brauche ich ihm
gar nicht hinzuzudichten

der lacht ihn aus

Lisi:

Bisweilen hart an der Grenze
den Kopf aus dem Fenster
und das Früher vorbeiziehen lassen
eine Performance
aus Schnipseln gefallene
Erinnerungen
kaschieren bleibt nur
in durchgeweichten Taschentüchern
freut es sich dann besser
als in Nylon Hemden
Achseln schwitzten
weißt du noch
ruft die Vergänglichkeit
und schickt den Gilb vorbei
ich beuge mich weiter hinunter
mit dem Almosen ist das so eine Sache
ich würde ja
doch tue ich nicht
wie du willst
wenn du mir zulächelst
bohnerwachsiger Boden zum Rutschen
geeignet
auf Sofakissen sitzend eine Etage tiefer
früher noch Milch im Kaffee
und Knutschen an der Bushaltestelle
war doch normal
man hatte ja kein Auto
Sitze mussten umgebaut werden später

merk dir wie es war
wir müssen
die richtige Position wiederfinden

Eike:

Wir führten uns spazieren
vor aller Welt
schaut her
was wir rebellisch sind
von wegen Nylonhemden
die waren was
für die Opas
für uns
die Army-Parkas
aber es mussten
die echten schon sein
bei den Amis eingetauscht
bei denen gab es auch
die geilsten Zigaretten
L&M und Pall Mall
und die Camel
die so richtig
nach Kameldung
schmeckten
jedenfalls
so kam es uns vor
und eine Weite
tat sich auf

Sehnsüchte
nach Torremolinos
an den Strand
und nach Tanger hinüber
dort fanden sich Düfte
und der Stoff
der bunte Bilder
in den Sand malte

Weißt du noch den Ort
wo du zum ersten Mal
'Satisfaction' hörtest?
Weißt du noch
wie Martin Luther King
von seinen Träumen sprach?
Weißt du noch
wie Rainer Langhans
Uschi Obermaier in den Armen hielt?

Erinnerst du dich
an das gelbe Unterseeboot
und an das Walross 'g'goo goo g'joob'?
Erinnerst du dich wie es war
an dem Tag
als John F. Kennedy starb?
Erinnerst du dich noch
wie sich 'Nights in White Satin'
anfühlten?

Erinnerst du dich noch?
Weißt du noch, wie es war?

Es kommt alles wieder
und was verschüttet liegt
wenn es gilt
die Sitze in Positur zu bringen
mit nervösen Fingern
hantierend
schwitzend
spätestens dann
wird es sich wieder
eingefunden haben

Lisi:

Aber dass auch
Hosen mit Schlag
wie in den Pornos
wenn der Eiermann kam
also nicht der Akademiker
mit dem Schnauzbart
obwohl doch der auch
da ging es dann
- nehme ich an -
um Blockbuster
nicht um B-Movies

ohne Akademie
jedenfalls
aber Parkas
trug jeder
alles Gleichmacherei
und wer war Rainer Langhans
im Vergleich zu denen
mit den verlebten Gesichtern
ein Nichts mit piepsiger Stimme
aber 'Nights in White Satin'
JA
und überhaupt
nichts hat sich verloren
ist alles noch da
und weiß wofür
und wenn einer
Gainsbourg hieß
und 'Je t'aime' sang
wusste er mit Sicherheit
wovon er sprach

Eike:

Weiße Pferde
und abgedroschene Reden
bedeutender Staatsmänner
in deren Gesten
immer eine Spur
von Verderben liegt

hör nicht hin
es ist alles
ein abgekartetes Spiel
mit stieren Augen
stürzt du davon
mitten aus
der heiligen Messe heraus
die Fassade
der Kathedrale
verdüstert sich
wie ein Schwamm
dem der Essig
sauer aufstößt
wohin nun mit dir
in einer Welt
die unerklärlich
aber voller Begierden
ungewiss
doch voller Möglichkeiten
wirklichen
und
unwirklichen
die alle
das spürst du
stecken in dir
und du läufst
und rennst
einen Tag
und eine Nacht
lachend

und weinend
und es ist schön
unsagbar schön
denn am Ende
wartet ein
Regenbogen

wenn es nicht gar
ein Rabe ist
der spricht

Lisi:

Ein schlauer Rabe
der mit mir spricht
sein Krächzen
ist mir ein Gesang
ich hör ihm gerne zu
wenn mir der Himmel
nicht mehr reicht
besteige ich
den Regenbogen
der mir ein FarbenGaukler ist
ein Ausgleicher
im bunten Kaleidoskop
wenn alles
durcheinander geht

wenn das Krächzen ausbleibt
ihre Weisheit
nicht mehr hilft
wenn sie nicht mehr
fliegen können
ist der farbige Bogen
den Raben eine Brücke
zur anderen Seite
dort
hört man sie singen
'Here comes the sun'
immer dann
wenn
ich singe
'The sun ain't gonna shine anymore'

Eike:

Und die Sonne scheint ja doch
und noch
und die Brücke
das könnte
der Pont du Gard sein
ich erinnere mich
an blendendheiße Sommer
da gab es
einen Campingplatz
direkt am Fluss
der war so ausgetrocknet

man konnte fast
ans andere Ufer waten
oder auf den Luftmatratzen
hinüberpaddeln
bäuchlings
oder die kreuz und die quer
lachend
auch wenn wir
den Blasebalg
vergessen hatten
aber da waren wir
schon wieder
bei Atem
und später
eine Orangina trinken
noch später dann
einen Rotwein
aus dem Lädchen
besorgt
ein Baguette
etwas Käse
das erweckt
einen ganz besonderen
Duft in mir
einen Geschmack
im Mund
der unvergleichlich ist
das wissen auch
die Raben
obwohl ich mich nicht

entsinnen kann
an Raben nicht
und auch an keine
anderen Vögel
ich weiß es nicht
da war so ein
Flimmern
in der Luft

Lisi:

So ein Flimmern in der Luft
ein Vorfrühling im Schäfchengewölk
die bewegbare Luft
mit den Fingern
streiche ich sie beiseite
dahinter schwelgen Küsse
Küsse schwelgen in Küssen
das ist so
wenn Julitage blau sind
und die Federballschläger
ein Loch in der Bespannung haben
und der Federball
genau darin stecken bleibt
nein wir spielen nicht aggressiv
wir wollen schön spielen
und du zählst
und bück dich nicht so frech
wir wollen doch richtig spielen

da bemüht man sich
dass der Ball
nicht fällt hörst du
was machst du da eigentlich
aber nicht so
und außerdem
mein Schläger war nicht der Kaputte

Eike:

ich hätte es mir nicht anders gedacht

wenn du nur das Sehen nimmst
also
nur das Sehen

das ist ein ontologischer Begriff

das musst du mir aber mal erklären

weil dein Schläger doch
das Loch in der Bespannung hatte

ja und

hatte der das schon immer
oder gab es einen besonderen Grund?

nun lass mal die Zweideutigkeiten

Lisi:

Wenn der Federballschläger weiblich ist
hat er ein Loch
dafür gibt es einen Grund

Da der Federballschläger männlich ist
hat er höchstwahrscheinlich kein Loch
und sollte er eins haben
dann an einer anderen Stelle

Hat der männliche Federballschläger
ein Loch in der Bespannung
muss man bei ihm mal andere Saiten
aufziehen
die Vorhandenen haben sich gelockert

Siehst du also ein Loch
im Federballschläger
ist das möglicherweise irrelevant
wenn es sich nicht um das Loch in der Bespannung handelt

Fazit:
Das Loch an sich
ist kein Alleinstellungsmerkmal

Eike:

Der Geist des Universums wars
der durch uns sprach
der hat Allüren
und manchmal
ist er ganz verliebt
wie ein Nachtschmetterling
der strebsam sich
dem Licht entgegenfliegt

Licht
das ihm Atem ist
Urgrund und Wesen
allen Seins
Licht
das uns Farben schenkt
unser Auge
mit der Welt vereint

Wir sehen
wir könnten sogar verstehen
lernen
jeden Tag
aller Dinge
Art
und Glanz
und Ausgewogenheit

Lisi:

Verstehen
heißt
sehen
was die Seele
sich erschafft
sind
Wirklichkeiten
die von ihr
gesteuert werden

Verstand
einsetzen
der uns nötig ist
kein Gegenspieler
der Phantasie
nicht unterlegen
er hilft
dabei
sie zu entfalten
sich dieser Kraft
bewusst zu werden

dass man
nicht länger
denken muss
wenn man versteht
weil man zur Ruhe kommt
sich selbst den Frieden schenkt

dass man sich annimmt
offen ist
für unsre Welt
sich selbst bewusst

SEIN

Eike:

in diesen Tagen des Sommers
der Entdeckungsfahrten
der Landfälle
des erneuten Aufbruchs
wir
die wir uns bewusst wurden
einer des anderen
Reisegefährte
wir näherten uns
tastend
die Finger
um das eiserne Geländer
der Reling geschlungen
den Blick
auf weiche Wolkenzüge gerichtet
Schritt um Schritt
schließlich
eine Anspannung
die sich löste
Fühlung aufnehmend

Finger
die sich berührten
ein leichtes Taumeln
durch Wogenkamm
in Wogental
ein Ankommen
in Wort
und Gestalt
Findung und Erkennen

so ist mir Einverständnis
gewachsen
zu dir
in dir
habe ich es
gefunden

Lisi:

Wir machten uns auf
in der Sprache der Worte
einander zu entdecken
vielleicht
im Garten
wo Entzücken sich stammelt
in weissen Buschwindröschen
wir könnten
in den Wind
uns fallen lassen

und warten
wohin er trägt
zu den Sternen vielleicht
die am Himmel stehen
die nicht
zuständig sind
für eventuelle Untiefen
bevor man endlich
Land entdeckt

mitten auf dem Fluss
den Kahn angehalten
der Strömung zugesehen
ein sanftes Treiben
in silbrigem Wolkengeriesel
ein Verstehen gefunden
das alles bist du

Eike:

Hier
sollte ich schweigend nicken
- was ich tat -
und endlich schweigen
- was ich nicht tun werde -
du kennst mich gut genug
du weißt
wie sehr ich das Theatergrollen mag
die abgedunkelte Bühne

Blitze dürfen zucken
und mystisch muss es werden
unbedingt mystisch

also gönne mir den Spaß
du sollst schließlich
das letzte Wort erhalten
darauf freue ich mich
wohlwissend
dass sich darin
kein Ende
sondern der Anfang
neuer Aufbrüche
Erkundungen
unbekannter
Ferne
Welten
Abenteuer
begründen wird

So also
schwelge ich
in Madonnengrotten
in den Luftschächten
von Hochhäusern
in denen das Grauen
über seinen Memoiren brütet
ich singe den

großen Gesang
der Hornissenschwärme
und bete das Gebet
der feisten Kröte
wie man es in Amazonien
zu beten pflegt

der Kröte
werde ich
glühende Kohle
zu fressen geben
bis der Baum
mit den drei Ästen
erscheint
der weiße Ast
der für die Liebe steht
der rote für die Verzweiflung
für die Trauer der schwarze

Wohlbedacht heißt es das Gebet
zu sprechen:

Oh Kröte
die du nun ruhst
einen Fuß tief unter der Erde
der Satan wird keine
Macht mehr über mich haben
von nun an
wirst du mich beschützen
von allen Gefahren befreien

so hat es der heilige Amaro beschlossen
so wird es geschehen
oh Kröte
die du nun ruhst

von nun an
bis in alle Ewigkeiten

und ich werde
mein Kanu besteigen
und den Fluss
hinunterfahren
bis dorthin
wo die Brustwarzen
des Paradieses
aufgepflanzt
in der Erde sprießen
wie die Bajonette
eines Hengstgeschwaders

Lisi:

Na gut
dann pass nur auf
dass du nicht als Dämon
aufgehst
wenn du dich in den Lavasee
werfen solltest
da kann Tsathoggua

dir nicht helfen
da bist du zum
Menschenopfer geworden
da hilft dann auch kein
Huitzilopochtli Schrei
das war's dann

aber noch ist es nicht soweit
ich verabreiche dir
Aspirin
das wird das Beste sein
dein Blut zu entdicken
es läuft sich dann besser
ohne Thrombosestrümpfe
tauchst du dann später
im Necronomicon auf
das ist aber eine schöne Leiche
werden die älteren Götter rufen
und senden Fliegende Polypen in die Luft
Lovecraft zu Ehren
weine ich Tränen aufs Grab
wenn ich es nicht finde
zerspringt mir mein Herz
schon in der Vorstellung
wie im Theater
im Film

ich denke an dich
auf jeden Fall
sehen wir uns wieder

wenn ich erzählen möchte
dass hinter den Gardinen
Schwalben seitwärts driften
weil ich Cinzano trinke
aus einer Flasche
die im Müll hinter Hochhäusern lag
durchs Fenster geschleudert
von einem der Memoiren schrieb
der ging später ins Kloster
den heiligen Amaro zu befragen
der sich gerade an
den überirischen Violinentönen
des Erich Zann ergötzte

ganz sicher
wird sein
ein weiteres Finden
in einem Strauß
blauer Wolken
schweben
vielleicht
in Debussys Voiles
den Schleier
lüften
immer uns sein
eine
Inspiration

Eike:

Gedankenflüge
die vorüberzogen
schauend
tastend
sich ergründend
kleine ScheinWolken
die den Sirius anbellten
der Welt
eine Schnute zogen

wir haben es geliebt

Lisi und Eike im Juli 2016